RUSSLAND

KASACHSTAN

MONGOLEI

GEORGIEN • Tiflis
USBEKISTAN
• Samarkand KIRGISISTAN
TÜRKEI
• Nemrut Dağı TURKMENISTAN
SYRIEN
ISRAEL
urion • Masada
Tel Aviv IRAK IRAN AFGHANISTAN
PALÄSTINENSISCHE GEBIETE
hur JORDANIEN

Chengde •
NORD-
KOREA
Seoul •
SÜD- • Gyeongju-si JAPAN
KOREA • Kumano Kodo

PAKISTAN • Delhi • Annapurna
• Fatehpur Sikri NEPAL • Patan
• Bhutan

CHINA

PTEN SAUDI-
• Nassersee ARABIEN VAE • Udaipur
BANGLADESCH
• Li Jiang
• Taipeh
TAIWAN

OMAN • Höhlen von Ellora
INDIEN MYANMAR
LAOS

DAN ERITREA JEMEN
THAILAND VIETNAM
• Geschichtspark Sukhothai
PHILIPPINEN

SÜD- ÄTHIOPIEN SOMALIA
JDAN
KAMBODSCHA

UGANDA SRI
• Mount Stanley • Ihuru LANKA
• Westliche Reservate
KENIA • George Town BRUNEI
• Mombasa MALAYSIA

TANSANIA SINGAPUR

MALAWI INDONESIEN

PAPUA-
NEUGUINEA SALOMONEN
MOSAMBIK
ABWE • Weihnachtsinsel
TIMOR-
LESTE

VANUATU
FIDSCHI

Pretoria
• Mount Augustus
AUSTRALIEN
• Drakensberge
• Perth

NORDSEE SCHWEDEN
• Kennacraig DÄNEMARK
• Kopenhagen OSTSEE

IRLAND • Manchester NIEDER-
GROSSBRITANNIEN LANDE POLEN
• Charlbury • Otterlo
• Kinsale • London
• Avebury • Gent • Leipzig
DEUTSCHLAND
• Amiens TSCHECHISCHE
REPUBLIK
• Paris • Straubing SLOWAKEI
• Schloss Lichtenstein
ÖSTER-
REICH UNGARN
FRANKREICH SCHWEIZ • Graz
• Annecy KROATIEN
• Belgrad
• Bologna
SERBIEN
• Bilbao • San Sebastián • Nîmes ITALIEN
• Haro • Montpellier • Spoleto • Ston
SPANIEN • Saragossa • Korsika • Rom • Budva
• Madrid
SPANIEN
• Valencia
• Lissabon
• Agrigento

Wellington •
Christchurch •
NEUSEELAND

REISEN
ABSEITS DER BEKANNTEN WEGE

ÜBER 100 ALTERNATIVEN WELTWEIT

REISEN
ABSEITS DER BEKANNTEN WEGE

*Die mächtige Annapurna-
Bergkette im Himalaya,
Nepal*

Einleitung
Seite 6

Historische Stätten
Seite 8

Feste und Festivals
Seite 38

**Unvergessliche
Reiserouten**
Seite 66

**Meisterwerke der
Architektur**
Seite 100

Wunder der Natur
Seite 126

Kunst und Kultur
Seite 158

**Faszinierende
Metropolen**
Seite 180

Register
Seite 216

Danksagung & Bildnachweis
Seite 222

INHALT

Von oben rechts im Uhrzeigersinn
*Fahrt durch das Packeis
in Grönland; Savanne in
Westuganda; Tanzende auf dem
Karneval in Montevideo, Uruguay*

EINLEITUNG

Viele Menschen haben eine Liste mit Orten, die sie noch unbedingt besuchen wollen. Unser Buch wird diese Bucket Lists vielleicht noch erweitern, aber auf jeden Fall verändern – mit alternativen Zielen.

New York City, Angkor Wat, das Great Barrier Reef: Jeder will sie besuchen – und das aus gutem Grund. Aber es ist an der Zeit, von etwas anderem zu träumen: Unsere Welt ist voll von unglaublichen Orten, die wir oft verpassen, wenn wir uns nur an die gängigen touristischen Ziele halten. Deshalb wollen wir sie zur Abwechslung mal ins Rampenlicht rücken.

Warum sollte man die bekannten Wege verlassen? Abgesehen von der Freude, etwas Neues zu entdecken, gibt es dafür mehrere Gründe. Erstens: weniger Menschen. Ruhm hat seinen Preis, und die berühmtesten Sehenswürdigkeiten sind oft mit ebenso berühmten Menschenmassen verbunden. Zweitens: Wenn man sich entscheidet, die großen Namen zu meiden, entscheidet man sich vielleicht für ein lokales und nachhaltiges Erlebnis – man tut also nicht nur sich selbst, sondern auch dem Planeten einen Gefallen.

Um den Einstieg zu erleichtern, stellen wir eine etwas andere Reiseliste vor, wobei wir eine Reihe von Alternativen zu den meistbesuchten Orten der Welt zusammengetragen haben – denn für jede ikonische Sehenswürdigkeit gibt es einen weniger bekannten »Zwilling«. Wir denken dabei an eine nördliche Metropole, die London den Rang abläuft, an eine Inselgruppe, auf der es genauso schön blüht wie die Kirschbäume in Japan, und an das Festival, das Coachella übertrifft.

Und das ist nur ein Vorgeschmack. In dem Buch wirst du alles entdecken – von großartigen Reisen, die nur wenige unternehmen, bis zu erstaunlichen Naturwundern, die von der breiten Masse übersehen werden. Vielleicht hast du schon mal von einigen der Sehenswürdigkeiten gehört, aber wir wetten, du findest noch viele verborgene Schätze, die dich inspirieren werden. Die Welt wartet!

Alternative zu Stonehenge, Großbritannien

Avebury, Großbritannien

Seite 10

Alternative zu den Pyramiden von Gizeh, Ägypten

Pyramiden von Sakkara und Dahschur, Ägypten

Seite 14

Alternative zu Machu Picchu, Peru

Pisac, Peru

Seite 16

Alternative zum Kolosseum, Italien

Arènes de Nîmes, Frankreich

Seite 17

Alternative zu den moai auf der Osterinsel, Chile

Steinköpfe auf dem Nemrut Dağı, Türkei

Seite 18

Alternative zur Chinesischen Mauer, China

Mauern von Ston, Kroatien

Seite 20

Alternative zu Sigiriya, Sri Lanka

Masada, Israel

Seite 21

Alternative zu Petra, Jordanien

Höhlen von Ellora, Indien

Seite 22

Alternative zur Alhambra, Spanien

Aljafería, Spanien

Seite 24

Alternative zur Akropolis in Athen, Griechenland

Agrigento und Selinunte, Italien

Seite 26

Alternative zu Chichén Itzá, Mexiko

El Mirador, Guatemala

Seite 30

Alternative zu Pompeji, Italien

Kourion, Zypern

Seite 32

Alternative zum Schiefen Turm von Pisa, Italien

Qutb Minar, Indien

Seite 33

Alternative zu Angkor Wat, Kambodscha

Geschichtspark Sukhothai, Thailand

Seite 34

Alternative zu Mesa Verde, USA

Canyon de Chelly, USA

Seite 35

Alternative zum Pont du Gard, Frankreich

Ponte delle Torri, Italien

Seite 36

HISTORISCHE STÄTTEN

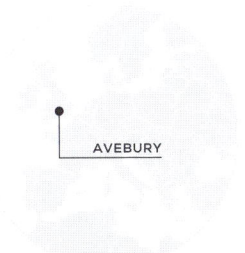

AVEBURY

Stonehenge verblüfft Besucher seit Jahrhunderten, aber es ist nicht die einzige neolithische Stätte mit einer legendären Vergangenheit. Entdecke das ebenso verblüffende (und viel größere) Avebury, um das sich viele Mythen und Geheimnisse ranken.

Alternative zu *Stonehenge, Großbritannien*

AVEBURY

Großbritannien

Die Ebene von Salisbury wird von den atemberaubenden prähistorischen Steinen von Stonehenge gekrönt. Ein Reisebus nach dem anderen entlädt Touristen, die den Steinkreis umrunden – aus der Ferne, denn Stonehenge ist so beliebt, dass die Anlage aus Angst vor Beschädigungen abgesperrt ist.

Wer alte Steine hautnah erleben und die Welt aus einer 5000 Jahre alten Perspektive sehen möchte, sollte nach Avebury fahren, das 33 Kilometer nördlich von Stonehenge liegt. Dieses mystische Henge (Steinkreis) wurde etwa zur gleichen Zeit errichtet, wird aber viel weniger besucht. Die Steine von Avebury sind zwar nicht so hoch wie die von Stonehenge, aber die Anlage ist viermal so groß und damit das größte Henge der Welt. Innerhalb des

etwa 1,5 Kilometer langen Ringgrabens ragen die verbliebenen verwitterten Sandsteine auf. Später ergänzte Betonpfeiler lassen erkennen, wie der Kreis mit äußerem und innerem Ring einst aussah.

Im Lauf der Jahre ist das Dorf Avebury um das Henge herum (und darin) gewachsen. Die Steine befinden sich in einem Bereich, der wie eine Dorfwiese aussieht, mit Straßen und mehreren Häusern. Das verleiht dem Henge, zumindest aus der Luft, das Aussehen eines antiken Tortendiagramms. Die Besichtigung ist zu jeder Zeit möglich, eine entspannte Herangehensweise, die sowohl zur Umgebung passt als auch weit entfernt ist von den Öffnungszeiten in Stonehenge.

Avebury ist auch deshalb so faszinierend, weil man zwischen den Steinen umhergehen, sie berühren und ihre

Die riesigen Sarsensteine von Avebury wurden zwischen 2850 und 2200 v. Chr. aufgestellt

▶

mystische Ausstrahlung erspüren kann. Niemand kennt den genauen Zweck der Anlage, doch wie alle großen Bauten früherer Zivilisationen muss sie zu einer Kultur gehört haben, die an ein Leben nach dem Tod geglaubt hat.

In der Mitte des nördlichen Kreises liegt eine Gruppe von Menhiren (Cove), die auch als Devil's Brand-Irons bekannt ist. Andere Steine tragen Namen wie Devil's Quoits und Devil's Chair. Es ist wahrscheinlich kein Zufall, dass direkt neben dem Henge eine Kirche gebaut wurde, und man vermutet, dass es unter Avebury noch mehr Steine gibt, die von Dorfbewohnern aus Furcht vor heidnischen Kräften des Kreises vergraben wurden. Im 17. und 18. Jahrhundert wurde das Henge als Steinbruch für den Hausbau genutzt. Der Legende nach soll es in diesen Häusern spuken. Die gesamte Geschichte des Dorfs ist mit den Steinen verknüpft und kann im örtlichen Museum erkundet werden, das von dem Amateurarchäologen Alexander Keiller eingerichtet

Oben Schafe ruhen bei Sonnenaufgang bei den alten Steinen
Rechts Der neolithische Steinkreis und das Dorf Avebury, das großteils innerhalb des Monuments liegt

wurde, der in den 1930er Jahren Gebäude von der Stätte entfernte und viele Steine wieder aufstellte.

Bevor du Avebury verlässt, solltest du noch weitere neolithische Stätten in der Nähe besuchen: Etwa zwei Kilometer südöstlich am Ende der West Kennet Avenue befindet sich ein Weg, der von einem Steinkreis, dem Sanctuary, flankiert wird. Gute 500 Meter westlich von hier liegt Silbury Hill, ein kegelförmiger Hügel, der etwa zur gleichen Zeit wie die Henges errichtet wurde und dessen Zweck ebenfalls noch nicht vollständig geklärt ist. Dem Volksglauben zufolge wurde die Erde, aus der der Hügel besteht, vom Teufel aufgeschüttet.

Was auch immer die ursprüngliche Bestimmung von Avebury war, ob Platz für Opferzeremonien oder astronomische Uhr – man wird auf jeden Fall viel Zeit und Raum zum Erkunden haben.

Immer noch Lust auf Stonehenge?

Bei der einstündigen Stone Circle Experience von English Heritage gelangt man im Gegensatz zum Standardeintritt ins Innere der Steinkreise und kann das Henge vor oder nach den normalen Öffnungszeiten besuchen.

So kommst du hin
Von London Paddington eine Stunde mit dem Zug nach Swindon, von dort mit dem Bus 49 eine halbe Stunde nach Avebury.

www.english-heritage.org. uk/visit/places/avebury

RING OF BRODGAR
Großbritannien

Inmitten des UNESCO-Weltkulturerbes Heart of Neolithic Orkney in Schottland steht der Kreis hoch aufragender Steine (2000 v. Chr.). Neben dem Ring finden sich Hügelgräber, Erdwälle und das ältere Henge Stones of Stenness.

ALES STENAR
Schweden

Dieses Denkmal aus der Zeit zwischen 500 und 1000 n. Chr. steht auf einer Hochmoräne am Rand der Ostsee in Südschweden. Es ist die bedeutendste der schwedischen »Schiffssetzungen« - Ringe aus stehenden Steinen in Form eines Boots.

STEINKREISE VON WASSU
Gambia

Es wird angenommen, dass Könige und Häuptlinge vor etwa 1200 Jahren in den elf Steinkreisen von Wassu begraben wurden. Sie sind die besten Beispiele für Hunderte ähnlicher Monumente in der Region Senegambia in Gambia.

Die Pyramiden von Sakkara und Dahschur, die oft zugunsten der Pyramiden von Gizeh übersehen werden, sind noch älter. Hier gibt es keine endlosen Prozessionen von Reisebussen, sondern nur Wüste und Ehrfurcht gebietende Ruinen.

Alternative zu den *Pyramiden von Gizeh, Ägypten*

PYRAMIDEN VON SAKKARA UND DAHSCHUR

Ägypten

Die Pyramiden in Gizeh entstanden nicht aus dem Nichts: Rund 100 Jahre brauchten die Ägypter, um ihre Baukunst zu perfektionieren. Belege für ihre Experimente findet man südlich von Gizeh in Sakkara und Dahschur. In der Nekropole der alten Königsstadt Memphis stehen unter anderem eine Stufen- und eine Knickpyramide sowie die Rote Pyramide.

Die Idee pyramidenförmiger Grabstätten stammt aus der Dritten Dynastie. In der Nekropole Sakkara stehen fünf der ursprünglichen Bauwerke. Die dominante Stufenpyramide über dem Grab des Pharaos Djoser ist die älteste in Ägypten. Der Sarkophag des Herrschers wurde in den Steinboden versenkt und mit einer Granitplattform bedeckt, die man nach genauen Berechnungen zu einer vier- und dann sechsstufigen Pyramide aufstockte. Imhotep, der Baumeister des Pharaos, wurde später für seiner Leistung bei der Konstruktion und dem Bau der Pyramide

in das Pantheon der Götter erhoben. Diese Ehre widerfuhr im alten Ägypten nur wenigen Menschen. Um die letzte Ruhestätte von Djoser stehen einige kleinere Pyramiden, doch das Grab von Imhotep, dem ersten namentlich bekannten Architekten der Welt, wurde nie gefunden.

Die Pharaonen der Vierten und Zwölften Dynastie wählten Dahschur, südlich von Sakkara, als Standort für ihre Grabstätten. Vorreiter war Pharao Snofru, der die beiden prächtigsten Pyramiden von Dahschur, die Rote Pyramide und die Knickpyramide, errichten ließ und damit das Goldene Zeitalter der ägyptischen Pyramiden einleitete. Die Rote Pyramide aus rötlichem Kalkstein gilt als die erste echte Pyramide mit schrägen Seiten anstelle von Stufen und abfallenden Gängen zu den Grabkammern. Die Bautechniken brauchten wohl eine gewisse Zeit,

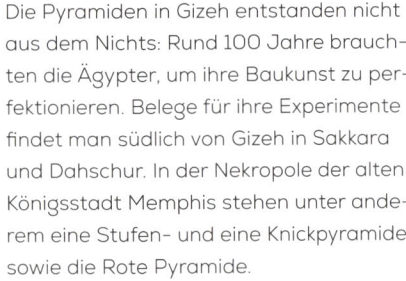

Der Eingang zum Komplex der monumentalen Stufenpyramide von Djoser in Sakkara, dem ältesten bekannten vollständigen Steinbauwerk der Welt (um 2650 v. Chr.)

bis sie ausgereift waren, denn die nahe gelegene Knickpyramide weist auf halber Höhe eine Neigungsänderung auf. Außerdem hat sie zwei getrennte Eingänge.

Snofrus Sohn Cheops ließ, inspiriert von den architektonischen Leistungen seines Vaters, die Große Pyramide von Gizeh erbauen, die um 2650 v. Chr. vollendet wurde. Auch wenn die Pyramiden von Gizeh seit Jahrhunderten Postkarten zieren, sollte man nicht vergessen, dass die Pyramiden von Sakkara und Dahschur ebenso beeindruckende Bauwerke sind.

Immer noch Lust auf die Pyramiden von Gizeh?

Komm im Winter, um die Sommerhitze zu vermeiden. Und besuche auch das Solar Boat Museum mit einer Rekonstruktion des Holzboots von Cheops.

Oben *Die beeindruckende Knickpyramide von Dahschur, deren obere Hälfte einen anderen Winkel hat als die untere* **Unten** *Relief in einem Grab in Sakkara*

So kommst du hin
Sakkara und Dahschur liegen 25 bzw. 35 Kilometer südlich von Kairo und sind leicht von der Stadt aus zu erreichen.

www.egypt.travel

PISAC

Machu Picchu ist nicht alles, was die Inka hinterließen. Hoch über dem Heiligen Tal versetzen dich die Ruinen von Pisac ein halbes Jahrtausend zurück in die Zeit, als das Inka-Reich seinen Zenit erreichte.

Alternative zu *Machu Picchu, Peru*

PISAC

Peru

Die dramatischen Ruinen von Machu Picchu mögen Perus ultimative Attraktion sein, aber sie überschatten eine ganze Reihe anderer alter Inka-Schätze – Pisac ist einer davon. Der beschauliche Marktort liegt etwa 45 Kilometer südöstlich von Machu Picchu am Fuß eines Hügels mit großartigen Inka-Ruinen. Obwohl sie nur eine kurze Autofahrt von Cusco entfernt sind, bleiben sie doch unter dem Radar.

Die erstaunlich gut erhaltene Zitadelle (Q'allaqasa) ist mehr als 500 Jahre alt und stammt aus einer Zeit, in der die Inka das größte Reich Amerikas beherrschten. Bei einem Spaziergang durch den archäologischen Park, vorbei an den Überresten von Tempeln, Wohnvierteln, Gräbern und zeremoniellen Bädern, die durch ein ausgeklügeltes System von Kanälen und Aquädukten gespeist werden, bekommt man einen Eindruck davon, wie das Leben hier in seiner Blütezeit ausgesehen hat. Die steilen Hänge unterhalb der Ausgrabungsstätte sind von terrassenförmig angelegten Feldern gesäumt, einer uralten landwirtschaftlichen Technik, die noch immer angewendet wird. Vom Gipfel aus bietet sich ein atemberaubender Blick über das Heilige Tal.

Immer noch Lust auf Machu Picchu?
Machu Picchu ist eine der beliebtesten Attraktionen Südamerikas. Die Zahl der Besucher ist inzwischen begrenzt, daher sollte man die Eintrittskarten etwa sechs Monate im Voraus buchen.

Die eindrucksvollen Inka-Terrassen von Pisac erstrecken sich über die grünen Hügel des Heiligen Tals

So kommst du hin
Der nächstgelegene Flughafen ist in Cusco, 35 Kilometer südwestlich. Dort nimmt man den Bus oder ein Taxi.

www.peru.travel/de

ARÈNES
DE NÎMES

Das Kolosseum mag zwar die berühmteste römische Arena sein, aber das Amphitheater von Nîmes lässt die Pracht des Römischen Reichs lebendig werden, ohne dass es von Touristen überrannt wird.

==Alternative zum== *Kolosseum, Italien*

ARÈNES DE NÎMES

Frankreich

Wenn man die 2000 Jahre alten Arènes de Nîmes betritt, kann man sich gut vorstellen, wie hier früher die Zuschauer jubelten, während Gladiatoren gegeneinander oder gegen wilde Tiere kämpften. Und war das nicht schon immer der Sinn von Amphitheatern: die Unterhaltung der Massen? Die Arènes de Nîmes begeistern auch heute noch mit Konzerten.

Abgesehen von den Aufführungen ist die faszinierende Geschichte der Arènes de Nîmes Grund genug für einen Besuch – man denke nur an die Westgoten, die die Anlage in eine Festung verwandelten. Auch die Geschichte der Stadt entwickelt sich weiter, denn Ausgrabungen bringen unterirdische Überraschungen ans Tageslicht. Das Kolosseum in Rom mag das größte der antiken Welt sein, aber die Arènes de Nîmes sind ebenso interessant.

Immer noch Lust auf das Kolosseum?

Die Architektur ist beeindruckend, aber es sind die Geschichten der Kaiser und Gladiatoren, die das Kolosseum bei einer geführten Tour lebendig werden lassen.

Arènes de Nîmes – eines der am besten erhaltenen römischen Amphitheater

So kommst du hin
Mit dem TGV von Paris (Gare de Lyon) etwa drei Stunden zum Bahnhof Nîmes Centre, südöstlich der Arènes de Nîmes.

www.arenes-nimes.com

AUCH SEHENSWERT

ARENA DI VERONA
Italien
Das elegante römische Amphitheater ist heute ein bekannter Veranstaltungsort für hervorragende Opernaufführungen.

AMPHITHEATER IN EL DJEM
Tunesien
Das bemerkenswert gut erhaltene Amphitheater (3. Jh.) bot einst Platz für 30 000 Zuschauer. Die Tribünen wurden von drei Reihen steinerner Tonnengewölbe getragen.

STEINKÖPFE AUF
DEM NEMRUT DAĞI

Die moai auf der Osterinsel sind vielleicht die berühmtesten Steinköpfe der Welt, aber sie stehen an einem der entlegensten Orte der Erde. Die kolossalen Statuen auf dem Nemrut Dağı in der Türkei sind leichter zu erreichen und genauso beeindruckend.

Alternative zu den *moai auf der Osterinsel, Chile*

STEINKÖPFE AUF DEM NEMRUT DAĞI

Türkei

Er wird zwar auch »Osterinsel der Türkei« genannt, aber der Nemrut Dağı ist eine Welt für sich. Der 2134 Meter hohe Berg im östlichen Taurusgebirge birgt eine Reihe riesiger Statuen, die es mit den monolithischen *moai* der Osterinsel aufnehmen können. Obwohl der Nemrut Dağı selbst relativ abgelegen ist, kann er von vielen Dörfern, Städten und Gemeinden aus leicht in einem Tagesausflug besucht werden. Die Osterinsel hingegen liegt mehr als 3500 Kilometer westlich vom chilenischen Festland. Um dorthin zu gelangen, ist ein 4,5-stündiger Flug von der Hauptstadt Santiago erforderlich.

Auf dem Gipfel des Nemrut Dağı befinden sich die Ruinen einer Grabstätte und eines Tempels, die für Antiochos I. (reg. 69 – ca. 36 v. Chr.), König von Kommagene, errichtet wurden, der einst über

einen Großteil der umliegenden Region herrschte. Highlight sind die Statuen auf den Terrassen rund um den Grabhügel. Im Lauf der Zeit haben Erdbeben diese steinernen Giganten enthauptet, sodass ihre etwa zwei Meter hohen Köpfe nun zu ihren Füßen ruhen – ein seltsam bewegender, melancholischer Anblick.

Antiochos rühmte sich oft, dass er sowohl von Alexander dem Großen als auch von Dareios dem Großen von Persien abstammte, und die Gestaltung der Statuen spiegelt die Vereinigung der griechischen und persischen Kulturen wider, die sein Reich verkörperte. In der Kombination von

Riesiger Steinkopf an der Westseite des Gipfels des Nemrut Dağı

griechischen Gesichtszügen mit persischen Frisuren und Kleidungsstücken verschmelzen Götter und Helden aus beiden Kulturen: der griechische Gott Zeus mit dem iranischen Gott Oromasdes, Herakles und Ares mit der indoiranischen Gottheit Artagnes. Es gibt auch zerbrochene Statuen eines Löwen und eines Adlers.

Man kann sich kaum vorstellen, wie viel Mühe es gekostet haben muss, die Steine auf den Berg zu transportieren. Der Nemrut Dağı, der seit 1987 zum UNESCO-Weltkulturerbe gehört, ist eine prachtvolle ikonografische Meisterleistung.

Steinkopf auf der Ostterrasse des Grabhügels von Antiochos I. auf dem Nemrut Dağı

Immer noch Lust auf die Osterinsel?

Die Osterinsel ist ein magischer Ort. Es gibt zahllose *moai*, also sollte man neben beliebten Orten wie Rano Raraku auch den abgelegeneren Ahu Akivi besuchen und die einsame Statue an der Pia Taro Road.

So kommst du hin
Geführte Touren zum Nemrut Dağı werden in vielen Städten der Umgebung organisiert und angeboten, darunter in Malatya und Kahta.

www.goturkiye.com

AUCH SEHENSWERT

ARCHÄOLOGISCHER PARK SAN AGUSTÍN
Kolumbien

Die UNESCO-Welterbestätte im Südwesten Kolumbiens beherbergt die größte Sammlung alter megalithischer Skulpturen und religiöser Monumente in Südamerika, darunter unzählige Steinstatuen.

TIWANAKU
Bolivien

In der Nähe des Titicacasees befindet sich in der zerstörten Hauptstadt der Tiwanaku-Kultur ein unterirdischer Tempel mit Kalksteinköpfen, die die Gottheiten besiegter Feinde darstellen sollen. Jedes geschnitzte Gesicht ist ein Unikat.

BADA-TAL
Indonesien

In dem Tal auf der Insel Sulawesi stehen rund 400 uralte megalithische Statuen, die von einer unbekannten Kultur vielleicht schon vor 5000 Jahren geschaffen wurden. Die Steinstatuen haben ein sehr minimalistisches Design.

Chinas weltberühmte Mauer ist zwar unübertroffen lang, aber der größte Teil stammt erst aus dem 15. Jahrhundert. Der Bau der Mauern von Ston begann hingegen schon 1358 – und man kann immer noch weite Teile begehen.

Alternative zur *Chinesischen Mauer, China*

MAUERN VON STON

Kroatien

Die atemberaubenden Mauern von Ston, die sich wie ein Bogen um den nordöstlichen Rand der kroatischen Halbinsel Pelješac spannen, sind die zweitlängste Verteidigungsanlage der Welt und werden auch als »Große Mauer Europas« bezeichnet. Die längste (ja, die chinesische) mag im Rampenlicht stehen, aber die Mauern von Ston haben genauso viele Schlagzeilen zu bieten, nicht zuletzt die Tatsache, dass ein Rundgang nur drei Stunden dauert – im Vergleich zu unzähligen Monaten für die Chinesische Mauer.

Die Verteidigungsanlagen Kroatiens, die sich von Küste zu Küste erstrecken, wurden errichtet, um die wertvollen Salinen vor Plünderern zu schützen. Mit dem Bau wurden einige der besten Köpfe der europäischen Renaissance betraut, darunter der Florentiner Architekt Michelozzo. Insgesamt gab es 40 Türme und fünf Festungen, die sich über eine Länge von sieben Kilometern erstreckten. An den Enden wurden die befestigten Städte Ston und Mali Ston zur Unterbringung der Wächter und Salinenarbeiter errichtet.

Fast die gesamte ursprüngliche Mauer und etwa die Hälfte der Türme sind erhalten geblieben. Ston ist der Ausgangspunkt für einen Spaziergang auf der Stadtmauer, die sich in einem anmutigen Bogen den Hang hinaufzieht. Der Blick weitet sich mit jedem Schritt und enthüllt eine spektakuläre Landschaft mit üppig grünen Wäldern und einem Blick auf die malerischen orangefarbenen Dächer und die schimmernden Salzpfannen von Ston. Nach der Hügelkuppe wird der nördliche

Die im Zickzack verlaufenden Mauern von Ston bei Sonnenaufgang

Spaziergang auf der gepflasterten Verteidigungsmauer zu einem der verbliebenen Türme

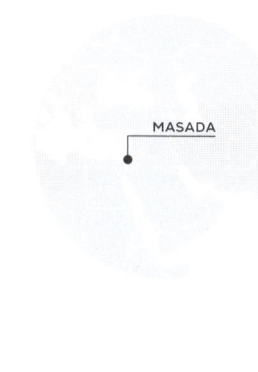

MASADA

Alte befestigte Paläste krönen sowohl Sigiriya als auch Masada, aber nur Letzteres war Schauplatz eines tapferen, zum Scheitern verurteilten letzten Kampfs gegen das Römische Reich.

Alternative zu *Sigiriya, Sri Lanka*

MASADA

Israel

Sigiriya sieht vielleicht besser aus, denn es thront auf einem Felsen, aber Masada hat mehr zu bieten (und seine Lage über dem Toten Meer ist nicht zu verachten).

Masada wurde im 1. oder 2. Jahrhundert v. Chr. befestigt und von Herodes dem Großen zu einer Palastanlage ausgebaut. Nach seinem Tod nahmen die Römer Masada ein, aber 66 n. Chr. wurde es von jüdischen Rebellen erobert. Als letzte jüdische Rebellenhochburg stand Masada über zwei Jahre lang unter römischer Belagerung, bis die Mauern 73 n. Chr. durchbrochen wurden. Als sich die Niederlage abzeichnete, zogen die Rebellen den Massenselbstmord der Unterwerfung vor. Zu den Spuren dieses bemerkenswerten Ereignisses gehören die Überreste einer Synagoge und römischer Militärlager.

Teil der Stadtmauer von der Festung Koruna bewacht. Unten in Mali Ston kann man frische Austern essen, oder man bleibt stehen, um den Blick auf das alte Bauwerk zu genießen.

Immer noch Lust auf die Chinesische Mauer?

Die berühmteste Festungsanlage der Welt zieht jedes Jahr rund zehn Millionen Touristen an, von denen die meisten die Abschnitte in der Nähe von Peking besuchen. Ruhiger geht es am Shanhai-Pass zu, dem östlichen Ende der Großen Mauer aus der Ming-Dynastie.

So kommst du hin
Dreimal täglich fahren Busse von Dubrovnik ca. 75 Minuten nach Ston.

www.ston.hr

Immer noch Lust auf Sigiriya?

Man muss nicht auf den Gipfel, sondern kann auch abseits der Menschenmassen die Stauseen und Gärten am Fuß des Bergs bewundern.

So kommst du hin
Der internationale Flughafen Ben Gurion bei Tel Aviv ist etwa zwei Stunden mit dem Auto von Masada entfernt. Von Jerusalem aus verkehrt auch ein Bus.

www.parks.org.il

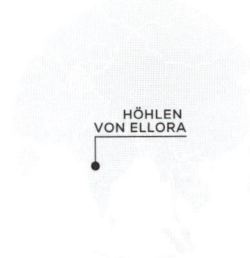

HÖHLEN
VON ELLORA

Die in Sandsteinfelsen geschlagene antike Stadt Petra ist zweifellos ein atemberaubender Anblick. Aber mindestens ebenso beeindruckend sind die Ellora-Höhlen in Indien. Die wunderschön verzierten Tempel machen einen sprachlos.

HÖHLEN VON ELLORA

Indien

Die in eine Felswand der Charanadari-Berge gehauenen Ellora-Höhlen in Maharashtra sind einer der größten Höhlen-Tempelkomplexe der Welt. Die prächtigen Bauwerke, die zwischen dem 6. und 9. Jahrhundert errichtet wurden, sind reich an Dekorationen und geschnitzten Skulpturen. Dennoch werden sie nur von etwa 21 000 Besuchern pro Jahr besucht, verglichen mit der Million oder mehr, die nach Petra in Jordanien strömen.

Die Ellora-Höhlen repräsentieren drei der ältesten Religionen der Welt – Hinduismus, Buddhismus und Jainismus – und dienten als Gebetstempel, Klöster und Zufluchtsorte für Pilger. Diese Gotteshäuser existierten jahrhundertelang friedlich nebeneinander. Die Hindus verkleideten ihre Tempel mit Figuren von Göttern und Göttinnen aus ihrem Pantheon. Die Buddhisten errichteten *virāhas* (Klöster) und *chaityagrihas* (Gebetshallen) und schmückten sie mit Skulpturen von Buddhas und Bodhisattvas. Die Jains wiederum schufen Heiligtümer und füllten sie mit Gemälden, die fliegende himmlische Wesen darstellten. Die Tempel und Gräber von Petra haben monumentale

Eingänge, aber es sind die komplizierten Verzierungen an den Decken und Wänden, die exquisit gearbeiteten Statuen und die wunderschönen Wandmalereien, die die Höhlen von Ellora auszeichnen.

Von den 100 Tempelhöhlen sind 34 für die Öffentlichkeit zugänglich. Am beeindruckendsten ist der prächtige Kailasa-Tempel. Im 8. Jahrhundert vom Rashtra-kuta-König Krishna I. in Auftrag gegeben, wurde dieser Mammutkomplex mit Höfen, Gängen, Räumen und einem 83 Meter hohen Turm aus einer einzigen Felswand herausgehauen. Bildhauer meißelten sich über 100 Jahre durch 85 000 Kubikmeter

Der Kailasa-Tempel, der größte Hindu-Tempel in Ellora, wurde aus einer einzigen Felswand herausgehauen

Ein sadhu (heiliger Mann) vor dem Kailasa-Tempel, der Shiva gewidmet ist

LALIBELA
Äthiopien
Der außergewöhnliche Komplex aus elf Kirchen (12. Jh.), die aus rotem Vulkangestein gemeißelt wurden, ist Äthiopiens beliebteste Touristenattraktion. Pilger strömen von weit her nach Lalibela, um an Gottesdiensten teilzunehmen.

PHRAYA-NAKHON-HÖHLE
Thailand
Ein prächtiger gold-grüner königlicher Pavillon ist in dieser Höhle versteckt, die 430 Meter hoch auf einem Berg im thailändischen Nationalpark Khao Sam Roi Yot liegt. Von der Höhle aus hat man einen herrlichen Blick auf die Berge und den Wald.

HÖHLENTEMPEL IN DAMBULLA
Sri Lanka
In dem auf fünf Höhlen verteilten Tempelkomplex (1. Jh.) gibt es über 150 Buddha-Statuen und mehr als 1500 Gemälde. Von den Höhlen aus hat man einen hervorragenden Blick auf die umliegende Landschaft.

Felsen und arbeiteten sich von der Spitze des Felsens nach unten. Das so entstandene Wunderwerk, das mit riesigen Skulpturentafeln verziert ist, sollte den Berg Kailasa, den heiligen Wohnsitz von Shiva, darstellen.

Nach der Erkundung der Höhle sollte man auf dem Pfad im Süden des Komplexes zum oberen Rand der Anlage gehen. Von dort hat man einen Blick auf alle Ellora-Höhlentempel – eine aufregende Perspektive.

Immer noch Lust auf Petra?
Die besten Fotos erhält man, wenn man das Kloster und die Königsgräber kurz vor Sonnenuntergang besucht.

So kommst du hin
Der Flug von Mumbai nach Aurangabad dauert etwa eine Stunde. Von dort fahren alle 30 Minuten Busse zu den Ellora-Höhlen.

www.asi.nic.in/ellora-caves

ALJAFERÍA

Der Palacio de la Aljafería in Saragossa ist mit seinen Kassettendecken und kunstvoll geschnitzten Bogen eines der schönsten maurischen Gebäude Spaniens. Und im Gegensatz zur Alhambra wird er auch heute noch rege genutzt.

Alternative zur Alhambra, *Spanien*

ALJAFERÍA

Spanien

Auf einem felsigen Hügel im alten Stadtteil Albaicín von Granada und vor der Kulisse der schneebedeckten Gipfel der Sierra Nevada liegt die Alhambra, Spaniens prächtigstes islamisches Bauwerk und eine der beliebtesten Touristenattraktionen auf der Iberischen Halbinsel. Aber wusstest du, dass es am anderen Ende Spaniens, in der meist bergigen Region Aragón, einen weiteren extravaganten Palast gibt? Der Palacio de la Aljafería in Saragossa wurde in der zweiten Hälfte des 11. Jahrhunderts erbaut, gut 150 Jahre vor der Alhambra, und ist ein ebenso beeindruckendes maurisches Bauwerk. Im Lauf der Jahrhunderte diente er als islamischer Sommerpalast, als Wohnsitz für christliche Könige und als Sitz der spanischen Inquisition. Heute sind hier ein Museum und das Regionalparlament untergebracht.

Geführte Touren geleiten durch die verschiedenen Epochen der Aljafería. Ausgangspunkt ist der gepflegte Patio de Santa Isabel, der begrünte zentrale Innenhof des ursprünglich islamischen Palasts,

der um 1065 von al-Muqtadir, dem Herrscher von Saragossa, erbaut wurde. Umgeben von extravagant geschnitzten Bogen ist es ein unglaublich ruhiger Ort (obwohl er mitten in der Stadt liegt), an dem Vögel in den Bäumen zwitschern.

Der Innenhof erinnert ein wenig an den Patio de los Leones der Alhambra, und es gibt noch mehr Ähnlichkeiten. Wenn man durch die Bogen auf der Nordseite geht, gelangt man in den Salón Dorado, den Goldenen Saal, einen der am reichsten dekorierten Bereiche des Palasts. Die Räume hier – einst die privaten Schlafgemächer der königlichen Familien – haben reich gearbeitete Bogen und Kassettendecken, die wie die Decke des Thronsaals der Alhambra mit den Sternen des muslimischen Kosmos verziert sind.

Im Obergeschoss geht es durch den mittelalterlichen christlichen Palast, der im 14. Jahrhundert als königliche Residenz der Könige von Aragón diente, bevor man zum Palast der Katholischen Könige gelangt, der im 15. Jahrhundert erbaut wurde und dessen Höhepunkt der Thron-

Von oben im Uhrzeigersinn
Das imposante Äußere der im 11. Jahrhundert errichteten Aljaferia; Nahaufnahme eines geschnitzten Torbogens; Patio de Santa Isabel, der zentrale Innenhof des ursprünglichen islamischen Palasts

saal ist. Hier findet man eine weitere Kassettendecke, die in Gold und Polychromie glänzt. Die kunstvoll geschnitzten Quadrate und Achtecke, von denen goldene Pinienzapfen herabhängen, werden durch den geometrischen Fliesenboden ergänzt. Architektonische Details wie diese haben dafür gesorgt, dass die Aljafería zum UNESCO-Weltkulturerbe gehört.

Immer noch Lust auf die Alhambra?

Am besten beginnt man den Besuch bei den Nasridenpalästen, bevor man weitergeht zu Generalife und Alcazaba.

So kommst du hin
Der Flughafen Saragossa liegt 16 Kilometer westlich der Stadt. Busse vom Flughafen fahren 20 bis 30 Minuten ins Stadtzentrum.

www.spain.info

AUCH SEHENSWERT

REAL MONASTERIO DE NUESTRA SEÑORA DE GUADALUPE
Spanien
Der prächtige Komplex im Südwesten Spaniens umfasst eine maurische Kirche und ein Kloster aus dem 15. Jahrhundert.

CASA DE PILATOS
Spanien
Der Palast in Sevilla (16. Jh.) ist um einen Innenhof und herrliche Gärten herum angelegt und verbindet maurischen, Renaissance- und Barockstil.

AGRIGENTO
UND SELINUNTE

Die Akropolis in Athen ist weltberühmt, befindet sich aber inmitten einer lauten Metropole. Wenn man antike Tempel in spektakulärer Umgebung mit Meerblick sucht, sollte man nach Sizilien fahren.

==Alternative zur== *Akropolis in Athen, Griechenland*

AGRIGENTO
UND SELINUNTE

Italien

Es ist nicht zu leugnen: Die Akropolis in Athen ist die meistbesuchte antike Stätte Europas. Aber der Ruhm hat seinen Preis, und die felsige Plattform, auf der sie steht, wird von den Füßen von viereinhalb Millionen Besuchern pro Jahr poliert. Und auch wenn Athen nicht mehr die am stärksten verschmutzte Stadt Europas ist, so ist es doch immer noch ein sehr geschäftiger Ort, und die Akropolis steht mittendrin.

Die Fahrt durch Sizilien zu den Tempeln von Selinunte und Agrigento könnte nicht unterschiedlicher sein. Die Landschaften hier haben sich in zwei Jahrtausenden kaum verändert – sanfte Hügel, bedeckt mit Weizenfeldern, Olivenhainen und Weinbergen. Tatsächlich war es diese Fruchtbarkeit, die die Griechen nach Sizi-

lien lockte. Die griechischen Böden waren durch die Abholzung der Wälder nahezu unfruchtbar geworden (für den Bau von Schiffen und die Metallverhüttung wurden enorme Mengen an Holz verbraucht), sodass die Griechen ihren Blick auf andere Gebiete richteten.

Das 581 v. Chr. gegründete Agrigento wurde zu einer der reichsten Städte von Magna Graecia (Großgriechenland) und war ein Synonym für Exzess, ein Ort, an dem die Feinde des Tyrannen Phalaris in einem bronzenen Stier zu Tode geröstet wurden und an dem die Reichen ihre Häuser mit Elfenbein, Gold und Silber ausstatteten und sogar für ihre Haustiere kunstvolle Gräber anlegten. Im 4. Jahrhundert v. Chr. war Sizilien die

Der gut erhaltene Tempio della Concordia im Tal der Tempel bei Agrigento

27

gastronomische Hauptstadt des griechischen Reichs, berüchtigt für dekadente
Festmahle.

Gold, Silber und Elfenbein sind zwar
längst verschwunden, aber das Tal der
Tempel – hoch oben auf einem Bergrücken
über dem schimmernden Mittelmeer – ist
immer noch wunderschön.

Die Tempel sind ebenso spektakulär.
Der Tempio della Concordia ist einer
der am besten erhaltenen griechischen
Tempel der Welt (und wohl auf einer Stufe
mit dem Parthenon in Athen), obwohl der
etwas weniger perfekte Tempio di Giunone
vielleicht romantischer ist. Im schwächer
besuchten westlichen Teil der Anlage
liegen weitere Tempel, vor allem der
riesige Tempio di Giove Olimpico, der so
groß ist wie ein Fußballfeld. Hier befindet
sich auch der wunderbare Giardino della
Kolymbetra – ein schönes Beispiel für
einen islamischen Garten und eine üppige
Oase, in der sich Körper und Geist nach
einer morgendlichen Tempelbesichtigung
erholen können.

*Oben Im Inneren des Tempio
di Hera (Tempel E) in Selinunte
Rechts Der Tempio di Hera
auf der Akropolis von
Selinunte ist von Oliven-
bäumen umgeben*

Aber vergessen wir nicht, dass die
Griechen überall auf Sizilien ihre Spuren
hinterlassen haben. Etwa 100 Kilometer
westlich von Agrigento liegen die griechischen Tempel von Selinunte auf einem
Bergrücken. Die antike Kolonie erreichte
den Höhepunkt ihrer Macht im 5. Jahrhundert v. Chr. Die riesigen fruchtbaren
Ländereien machten sie jedoch zu einem
verlockenden Ziel, und 409 v. Chr. wurden
sie von den Karthagern von der anderen
Seite des Meers in Nordafrika geplündert.
16 000 Menschen wurden dabei getötet
und 5000 als Sklaven verschleppt.

Trotz der tragischen Geschichte sind
die Ruinen Ehrfurcht gebietend. Es gibt
sieben Tempel (A - G). Die vollständigsten
sind der Tempel E, der wohl Hera gewidmet ist, und der Tempel C mit Inschriften

für Apollo, der den höchsten Punkt der Akropolis von Selinunte einnimmt. Die Anlage ist riesig und wirkt nie überfüllt. Besonders im Frühling kann man hier wunderbar spazieren gehen und die Ruinen sowie die Aussicht aufs Meer bewundern. Man kann sich kaum eine Erfahrung vorstellen, die weiter entfernt ist von einer Besichtigung des Parthenon in Athen.

Immer noch Lust auf die Akropolis?

Ja, die Akropolis ist aus der Nähe beeindruckend, aber einen wunderbaren (und relativ ruhigen) Blick auf sie hat man, wenn man auf den Philopapposhügel etwas südwestlich davon steigt.

Oben Die Ruinen des Tempio di Giunone in Agrigento
Unten Die Überreste des Tempio di Castore e Polluce in Agrigento, eingerahmt von einem blühenden Mandelbaum

So kommst du hin
Die meisten internationalen Flüge nach Sizilien landen auf dem Flughafen Falcone Borsellino in Palermo.

www.valleyofthetemples. com; www.selinunte.net

EL MIRADOR

Chichén Itzá zieht mit seinen Maya-Pyramiden und Ballspielplätzen viele Besucher an. Die verlorene Stadt El Mirador hingegen? Sie liegt im Dschungel und wird nur von wenigen Unerschrockenen besucht.

Alternative zu *Chichén Itzá, Mexiko*

EL MIRADOR

Guatemala

Die Stadt El Mirador wurde vor über 2000 Jahren von den im Mirador-Becken im Norden Guatemalas lebenden Maya erbaut und ist eine der ältesten bekannten Maya-Stätten. Einst war sie eine pulsierende Metropole, die sich über eine Fläche von 36 Quadratkilometern erstreckte. Heute liegen die Ruinen tief im Dschungel verborgen. Anders als Chichén Itzá ist El Mirador vom Massentourismus verschont geblieben. Nur die abenteuerlustigsten Besucher kommen hierher.

Die »verlorene Stadt« El Mirador liegt 40 Kilometer von der nächsten asphaltierten Straße entfernt, man erreicht sie normalerweise in der Trockenzeit (Dez – April) auf einer zweitägigen geführten Wanderung vom Dorf Carmelita aus. Verschiedene Unternehmen bieten Touren an, aber wir empfehlen, direkt in der Gemeinde Carmelita zu buchen, deren ausgebildete und lizenzierte Führer Teil einer nachhaltigen Tourismusinitiative

sind, die zum Lebensunterhalt der Einheimischen beiträgt. Bei der Wanderung auf verschlungenen Dschungelpfaden sieht man viele Affen und Tukane und mit etwas Glück sogar einen Puma oder Jaguar.

El Mirador wird von zwei kolossalen Pyramidenkomplexen beherrscht, die man – anders als in Chichén Itzá – sogar besteigen kann. La Danta erhebt sich 70 Meter aus einem Hügel und ist die höchste Maya-Pyramide der Welt.

Immer noch Lust auf Chichén Itzá?

Einen Besuch am Sonntag sollte man vermeiden, denn dann ist der Eintritt für mexikanische Staatsangehörige frei.

So kommst du hin
Vom Flughafen La Aurora in Guatemala City geht es nach Flores. Von dort fahren Busse nach Carmelita.
www.turismocooperativa carmelita.com

Die Pyramide La Danta ragt aus dem dichten Laub des Dschungels in El Petén heraus

Es gibt wohl keine Stadtruinen, die mehr an vergangene Jahrtausende erinnern als die von Pompeji. Aber die antike Stadt Kourion auf Zypern hat unglaublich gut erhaltene Bodenmosaiken, die nicht weniger prächtig sind.

Alternative zu *Pompeji, Italien*

KOURION

Zypern

Die Ruinen von Kourion, die über Zyperns Episkopi-Bucht thronen, erinnern an die Blütezeit der Stadt als Juwel in der Krone des weitverzweigten Römischen Reichs.

Wie Pompeji wurde auch Kourion durch Naturgewalten vernichtet: Eine Reihe von Erdbeben im Jahr 5 n. Chr. zerstörte viele Gebäude und vertrieb die Bewohner. Trotz dieser Katastrophe bietet die Stätte heute einen unwiderstehlichen Einblick in die Vergangenheit Kourions, vom mächtigen Amphitheater, in dem einst Tausende Gladiatorenkämpfe verfolgten, bis hin zu Villen mit wunderschönen Bodenmosaiken.

Die Mosaiken sind, genauso wie die in Pompeji, bemerkenswert gut erhalten. Im Haus des Eustolios sind auf mehrfarbigen Fliesen mythische Figuren, Tauben, Perlhühner und Elstern abgebildet. Das Haus der Gladiatoren ist mit verblassten Mosaiksteinen gepflastert, die kämpfende Gladiatoren darstellen.

Die Säulen der römischen Agora, des kommerziellen Zentrums der Stadt, und eine öffentliche Badeanstalt vermitteln weitere Anklänge an das Alltagsleben in der antiken Welt. Das gilt auch für das Erdbebenhaus: Hier fanden Archäologen die Skelette einer jungen Familie, die sich in ihren letzten Momenten aneinanderklammerte. Wie diejenigen, die von der Eruption, die Pompeji vernichtete, überwältigt wurden, fielen auch sie der Katastrophe zum Opfer, die ihr Haus zerstörte.

Immer noch Lust auf Pompeji?

Am besten nimmt man an einer Tour teil. Die Oberflächen sind uneben, also sollte man bequeme Schuhe tragen.

Das wunderbare Bodenmosaik aus dem 4. Jahrhundert im Haus des Eustolios

So kommst du hin
Die nächstgelegenen Flughäfen sind Paphos (ca. 45 Autominuten) und Larnaca (ca. eine Stunde).

www.visitcyprus.com

Der Qutb Minar in Delhi ist der höchste Backsteinturm der Welt und steht seinem schiefen Cousin aus Pisa in nichts nach. Die kunstvollen Schnitzereien machen den Turm zu einem Meisterwerk islamischer Architektur.

Alternative zum
Schiefen Turm von Pisa, Italien

QUTB MINAR

Indien

Der prächtige Qutb Minar in Delhi ist ein zylindrischer Turm aus kunstvoll geschnitztem rotem Sandstein und weißem Marmor und das höchste Backsteinminarett der Welt. Mit 73 Metern übertrifft er sein 57 Meter hohes italienisches Pendant in Pisa. Und wenn man genau hinsieht, stellt man fest, dass der Turm leicht schief steht, wenn auch nicht so extrem wie der Turm in Pisa.

Zu einem echten Hingucker machen den Qutb Minar aber die Schnitzereien, die in die roten Sandsteinbänder geätzt sind. Der mit prächtigen Arabeskenmustern und Kalligrafien mit Koranversen ver-

Der kunstvoll verzierte Qutb Minar überragt eine Moschee und Grabstätten

zierte Bau ist eines der ersten islamischen Bauwerke in Indien. Das erste Stockwerk wurde 1193 unter Sultan Qutb-ud-Din Aibak errichtet, um den Sieg über das Hindu-Königreich zu feiern. Nachfolgende Sultane fügten weitere Stockwerke hinzu, bis der Turm schließlich im 14. Jahrhundert fertiggestellt wurde.

Und als Teil eines Komplexes mit einer Moschee aus dem 12. Jahrhundert und noch älteren Grabstätten, die von Gärten umgeben sind, ist der Turm nicht die einzige bemerkenswerte Sehenswürdigkeit.

Immer noch Lust auf den Schiefen Turm von Pisa?
Für eine geführte Turmbesteigung sollte man rechtzeitig ein Ticket buchen, um nicht lange anstehen zu müssen.

So kommst du hin
Busse vom Flughafen Indira Gandhi in Delhi brauchen etwa 40 Minuten zum Vorort Mahrauli, wo sich der Qutb Minar befindet.
www.delhitourism.gov.in

Während die fotogenen Ruinen von Angkor Wat schon überall auf der Leinwand zu sehen waren, ist der stimmungsvolle Geschichtspark Sukhothai in Thailand weit weniger bekannt.

Phra Achana, die größte Buddha-Statue in Sukhothai, im Inneren des dachlosen Wat Si Chum

Alternative zu *Angkor Wat, Kambodscha*

GESCHICHTSPARK SUKHOTHAI

Thailand

Angkor Wat wird oft als Höhepunkt der Khmer-Architektur angesehen, aber alle Merkmale dieser Attraktion – dunkle Backsteintürme, die wie versteinerte Kiefernzapfen in den Himmel ragen, von Schlingpflanzen überwucherte Schreine und Buddhas – sind auch im thailändischen Geschichtspark Sukhothai zu finden.

Sukhothai ist wie eine Galerie der Stile, die die verschiedenen Reiche, die diese Stadt einst beherrschten, hinterließen. Der stärkste Nachhall der Khmer-Ära aus dem späten 12. Jahrhundert findet sich im stuckverzierten Laterit-Turm des Wat Phra Phai Luang, dessen Schnitzereien eine Mischung aus hinduistischer und buddhistischer Mythologie darstellen. Der ein Jahrhundert später errichtete Wat Si Chum beherbergt eine monumentale sitzende Buddha-Statue. In der Mitte des historischen Parks befindet sich der Wat Mahathat, einst der größte und wichtigste Tempel der Anlage. Umrunde im Uhrzeigersinn (für gutes Karma) den Hauptstupa und bewundere die 168 Skulpturen buddhistischer Pilger aus der Vergangenheit – ein Vermächtnis des Sukhothai-Königreichs, das nach den Khmer hierherkam und Sukhothai im 13. Jahrhundert in eine blühenden Stadt verwandelte. Als ihre Nachfolger, die Ayutthaya, Sukhothai im

Glockenförmige chedis sind über das gesamte Gelände des Geschichtsparks Sukhothai verstreut

Unter dem weiten Himmel der Wüste von Arizona liegen die uralten Felsenwohnungen im Canyon de Chelly – und sie sind ebenso beeindruckend wie die berühmtere Mesa Verde in Colorado.

Alter*native zu* Mesa Verde, USA

CANYON
DE CHELLY

USA

16. Jahrhundert aufgaben, hinterließen sie etwa 400 der glockenförmigen *chedis*, die auf dem Gelände verstreut sind.

Sukhothai bedeutet übersetzt »Morgenröte des Glücks«. Wenn man den Ort in den frühen Morgenstunden besucht und sieht, wie die Sonne den großen Buddha rosa und golden färbt, weißt man, wie es zu diesem Namen kam.

Immer noch Lust auf Angkor Wat?

In der Nebensaison zwischen Juni und Oktober ist es etwas ruhiger. Die Tempel erstrecken sich über ein riesiges Gebiet, daher sollte man mindestens drei Tage für die Erkundung der Anlage einplanen.

So kommst du hin
Mit dem Taxi sind es 40 Minuten vom Flughafen Sukhothai zum Geschichtspark Sukhothai.

www.tourismthailand.org

In einer abgelegenen Ecke Arizonas finden sich die roten Felsen und die Wüstenkulisse des Canyon de Chelly mit Hunderten von Felsenwohnungen, die in die Höhlen und Vertiefungen der Canyonwände gebaut wurden. Sie wurden vor fast 1000 Jahren geschaffen und im 13. Jahrhundert aufgegeben, als die ersten Behausungen in Mesa Verde in Colorado errichtet wurden. Beim Abstieg zum Grund des Canyons zur auffälligsten Ruine, dem White House, sieht man Piktogramme. Um weitere Behausungen zu besichtigen, sollte man an einer Tour von Navajo-Führern teilnehmen, die einen tieferen Einblick in das frühere Volk der Pueblo-Kultur gibt, das einst in dieser scheinbar kargen Landschaft lebte.

Immer noch Lust auf Mesa Verde?

Die Wetherill Mesa im westlichen Teil zieht die wenigsten Besucher an.

So kommst du hin
Der nächstgelegene Flughafen ist in Flagstaff, Arizona. Von dort aus ist es eine dreistündige Fahrt nach Osten zum Canyon.

www.nps.gov/cach

Von oben im Uhrzeigersinn
Der Ponte delle Torri führt
durch üppiges Grün zur
Festung Rocca Albornoziana;
Blick auf Spoleto durch einen
Bogen des Ponte delle Torri;
Kathedrale von Spoleto

PONTE DELLE TORRI

Der Pont du Gard ist zwar das berühmteste Aquädukt der Welt, doch seine einzigen »Begleiter« sind ein Besucherzentrum und ein Parkhaus. Der ebenso atemberaubende Ponte delle Torri in Mittelitalien hingegen führt ins Herz der mittelalterlichen Stadt Spoleto.

Alternative zum Pont du Gard, Frankreich

PONTE DELLE TORRI

Italien

Das antike römische Aquädukt Pont du Gard leitete in römischer Zeit Wasser in die heutige Stadt Nîmes in Südfrankreich. In voller Größe ragt es aus dem mediterranen Buschwerk auf, um nach 140 Metern wieder darin zu verschwinden. So beeindruckend es auch ist, nach dem Spaziergang bleibt nicht viel mehr übrig, als zum Busparkplatz zurückzugehen. Der Ponte delle Torri in Umbrien ist ein ebenso beeindruckendes Aquädukt.

Keiner weiß, wann genau der großartige Ponte delle Torri gebaut wurde, man geht aber davon aus, dass er etwa im 14. Jahrhundert entstand. Er brachte Wasser aus den Bergen nach Spoleto, diente aber auch einem anderen Zweck: Auf der 230 Meter langen Brücke befinden sich zwei Burgen. Die Brücke selbst ist ein beeindruckender Anblick, ebenso wie die Aussicht, die man von ihr hat. Das bewaldete Tal des Flüsschens Tessino erstreckt sich in beide Richtungen, dahinter steigt der Apennin auf.

Bis zum Zentrum von Spoleto mit engen Gassen, frühchristlichen Basiliken und einem unglaublich schönen Dom sind es nur wenige Minuten. Spoleto gehört zu den schönsten Städten Italiens, aber das Aquädukt ist das Tüpfelchen auf dem i.

Immer noch Lust auf den Pont du Gard?

Die beste Art, die Brücke zu sehen, ist vom Wasser aus. Man kann entweder unter der Brücke hindurchschwimmen oder in der Nähe von Collias ein Kanu mieten.

So kommst du hin
Der nächstgelegene Flughafen in Perugia ist 50 Kilometer von Spoleto entfernt. Von Rom fährt man 1,5 Stunden mit dem Zug.

www.umbriatourism.it

Alternative zum Karneval in Rio, Brasilien

Karneval in Montevideo, Uruguay

Seite 40

Alternative zum Edinburgh Festival Fringe, Großbritannien

Fringe Festival, Neuseeland

Seite 42

Alternative zur Tomatina, Spanien

Batalla del Vino, Spanien

Seite 44

Alternative zum St Patrick's Day, Irland

St Patrick's Day, Montserrat

Seite 46

Alternative zum Oktoberfest, Deutschland

Gäubodenvolksfest, Deutschland

Seite 47

Alternative zum Glastonbury Festival, Großbritannien

Wilderness Festival, Großbritannien

Seite 48

Alternative zum Montreux Jazz Festival, Schweiz

Copenhagen Jazz Festival, Dänemark

Seite 52

Alternative zum Chinesischen Neujahrsfest, China

Mondneujahr in Malaysia

Seite 53

Alternative zu den BBC Proms, Großbritannien

Festival dei Due Mondi, Italien

Seite 54

Alternative zu Coachella, USA

Bonnaroo, USA

Seite 58

Alternative zur Biennale di Venezia, Italien

Bienal de São Paulo, Brasilien

Seite 59

Alternative zum Sydney Gay and Lesbian Mardi Gras, Australien

Tel Aviv Pride, Israel

Seite 60

Alternative zur Semana Santa, Sevilla, Spanien

Semana Santa, Cusco, Peru

Seite 62

Alternative zum Mardi Gras, New Orleans, USA

Karneval in Mombasa, Kenia

Seite 63

Alternative zum Festival de Cannes, Frankreich

San Sebastián Film Festival, Spanien

Seite 64

FESTE UND FESTIVALS

Die Straßen sind erfüllt von bunten Umzügen, fröhlichen Tänzen und stampfenden Trommeln. Nein, das ist nicht Rio, sondern der Karneval in Montevideo. Und du wirst in Uruguay garantiert genauso viel Spaß haben!

Alternative zum *Karneval in Rio, Brasilien*

KARNEVAL IN MONTEVIDEO

Uruguay

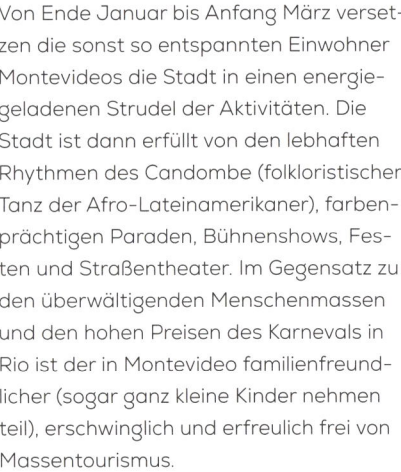

Von Ende Januar bis Anfang März versetzen die sonst so entspannten Einwohner Montevideos die Stadt in einen energiegeladenen Strudel der Aktivitäten. Die Stadt ist dann erfüllt von den lebhaften Rhythmen des Candombe (folkloristischer Tanz der Afro-Lateinamerikaner), farbenprächtigen Paraden, Bühnenshows, Festen und Straßentheater. Im Gegensatz zu den überwältigenden Menschenmassen und den hohen Preisen des Karnevals in Rio ist der in Montevideo familienfreundlicher (sogar ganz kleine Kinder nehmen teil), erschwinglich und erfreulich frei von Massentourismus.

Der Karneval in Montevideo ist vor allem ein Fest der afro-uruguayischen Kultur. Die Rhythmen und die Seele des Candombe und des Tangos, die ihren Ursprung in Afrika haben und im Lauf der Jahre mit uruguayischem Flair gefüllt wurden, stehen im Mittelpunkt. Die *comparsas* (Gruppen von Candombe-Tromm-

lern, Tänzern und Fahnenträgern) üben das ganze Jahr über für die Umzüge. Alle Vorbereitungen gipfeln in der wichtigsten Parade, dem Desfile de Llamadas (Rufparade), benannt nach den »Rufen« der Trommeln, die die Menschen zum Fest locken. An zwei Tagen Anfang Februar marschiert eine *Comparsas*-Welle nach der anderen durch die Viertel und zieht mit ihren Trommeln die Menschen auf die Straßen. Tausende von Tänzerinnen und Tänzern mit leuchtenden Federn animieren die Umstehenden zum Mitmachen – das Straßenfest ist nun in vollem Gang.

Zwischen den großen Umzügen finden im Teatro de Verano, einer Freilichtbühne im Parque Rodó, und auf den über die ganze Stadt verteilten *tablados* (Bühnen) *Murga*-Shows (Theater mit Trommeln, Gesang, Tanz und Pantomime) statt. Jedes Viertel hat seine eigene Truppe, die vor allem satirische Darbietungen auf-

führt, die sich über das moderne Leben
lustig machen und sowohl Einheimische
als auch Besucher ansprechen, unabhän-
gig von deren Spanischkenntnissen. Diese
Aufführungen, die auch für Kinder geeig-
net sind, unterstreichen den integrativen
Charakter der Feierlichkeiten. Egal, ob
man hier 40 Tage lang mit Freunden feiert
oder mit der Familie unterwegs ist, der
Karneval bleibt in jedem Fall in Erinnerung.

Immer noch Lust auf den Karneval in Rio?

Eine Unterkunft sollte man lange im
Voraus buchen. Wenn man unterwegs ist,
sollte man Wertsachen im Hotelsafe lassen, und auch mit Alkohol sollte man vor-
sichtig sein: Partys in Brasiliens schwülem
Sommer sind schweißtreibende Arbeit.

So kommst du hin
Vom Flughafen Carrasco
fahren Busse etwa eine
Stunde ins Stadtzentrum.

www.guruguay.com/de/
Montevideo-Karneval

Das Edinburgh Festival Fringe, das größte Kunstfestival der Welt, mag die ganze Aufmerksamkeit auf sich ziehen, aber auf der anderen Seite des Globus macht sich das Fringe Festival in Wellington im Stillen einen Namen.

Alternative zum Edinburgh Festival Fringe, Großbritannien

FRINGE FESTIVAL

Neuseeland

Pōneke (der Māori-Name der neuseeländischen Hauptstadt) liegt auf einer Landzunge im Süden der Nordinsel, umgeben von grünen Hügeln, mit der blauen Cook Strait im Süden und der sanften Remutaka Range im Osten. Jedes Jahr findet im Spätsommer drei Wochen lang, von Mitte Februar bis Mitte März, in Wellington das Fringe Festival statt, das die Stadt mit den besten einheimischen Talenten und viel *manaakitanga* (Gastfreundschaft) unterhält.

Rund 700 Shows gibt es überall in der Stadt, vom Vergnügungsviertel Te Aro bis zum Künstlervorort Mount Cook. Die Aufführungen finden im schiffsähnlichen Innenraum der alten St Paul's Cathedral, in Bars, auf Plätzen, an Straßenecken, in Parks und Hotelfoyers ebenso statt

wie im BATS Theatre und im Te Auaha, dem Kreativzentrum der Stadt.

Was kann man erwarten? Berühmtheit ist für »Wellywood« kein Fremdwort. In der Vergangenheit traten unter anderem das neuseeländische Comedy-Duo Flight of the Conchords, der Filmemacher und Schauspieler Taika Waititi und die russische Punkrock-Gruppe Pussy Riot auf. Es ist aber auch sehr wahrscheinlich, dass Künstler auftreten, die (noch) niemand kennt. Das Fringe Festival in Wellington wird auch als »Neuseelands Geburtsstätte der Brillanz« bezeichnet

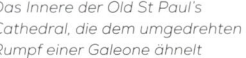

Das Innere der Old St Paul's Cathedral, die dem umgedrehten Rumpf einer Galeone ähnelt

PESTA KESENIAN BALI
Indonesien
Das Kunstfestival in Balis Hauptstadt Denpasar findet jedes Jahr von Mitte Juni bis Mitte Juli statt. Im Taman Werdhi Budaya Art Centre gibt es Musik, Tanz, Theater sowie Kunst- und Handwerksausstellungen.

FESTIVAL D'AVIGNON
Frankreich
Das im Jahr 1947 gegründete Festival d'Avignon feiert drei Wochen im Juli alle Aspekte der Kultur. Alle Veranstaltungsorte sind unter freiem Himmel und umfassen auch den Innenhof des prächtigen gotischen Palais des Papes.

BRIGHTON FRINGE
Großbritannien
Das größte jährliche Kunstfestival Englands findet immer im Mai und Juni an mehr als 160 Veranstaltungsorten in Brighton statt. Mit Musik, Tanz, Theater, Zirkus und mehr konzentriert es sich auf lokale Talente – jeder kann teilnehmen.

und widmet sich der Förderung aufstrebender Talente. An einem Abend lacht man sich über die Improvisationskunst der neuesten Komikerin der Stadt kaputt, am nächsten bestaunt man eine energiegeladene Zirkusnummer.

Wie das Edinburgh Fringe ist auch das in Wellington pulsierend, lustig und manchmal geradezu skurril.

Das Zentrum und der Hafen von Wellington an der Cook Strait sind von grünen Hügeln umgeben

Immer noch Lust auf das Edinburgh Festival Fringe?
Eine Unterkunft sollte man möglichst früh buchen, einige Hotels sind bereits ein Jahr im Voraus ausgebucht. Am besten wohnt man in West-Edinburgh in der Nähe einer Straßenbahnhaltestelle – selbst vom Edinburgh Park in der Nähe des Flughafens sind es nur 20 Minuten ins Zentrum.

So kommst du hin
Der Flughafen Wellington liegt acht Kilometer südlich der Stadt. Die öffentlichen Busse von Metlink fahren häufig ins Stadtzentrum.

www.fringe.co.nz

BATALLA
DEL VINO

Die Tomatina, die seit 1945 in Buñol stattfindet, ist vielleicht die berühmteste Essensschlacht der Welt, aber in Haro gibt es noch ein anderes skurriles Fest. Bei der Weinschlacht, die bereits 1290 ins Leben gerufen wurde, wird alles mit Rotwein getränkt.

Alternative zur Tomatina, Spanien

BATALLA
DEL VINO

Spanien

Spaniens berühmte Tomatenschlacht, die Tomatina, scheint eine unvergleichliche Gelegenheit für einen bizarren Adrenalinausstoß zu sein – bis man von der Batalla del Vino in Haro hört. Diese ebenso anarchische, weniger bekannte Rotweinschlacht, die im Frühsommer in Nordspanien stattfindet, läuft dem Tomatenspektakel locker den Rang ab.

Während die Tomatina eine relativ neue Erfindung ist, steckt hinter der Batalla del Vino eine lange, interessante Geschichte. Eine königliche Proklamation von 1290 legte fest, dass der kleine Winzerort Haro alle Jahre wieder sein Besitzrecht über die Weinberge, in denen die Weinschlacht heute stattfindet, gegenüber dem Nachbarort Miranda del Ebro geltend machen müsse. Es begann als harmlose Zeremonie, bei der die Grenze abgesteckt wurde. Dabei wurde eine Flagge gehisst und eine Messe gehalten. 1906 belebten die Teilnehmer die Prozedur, indem sie sich mit Wein »tauften«. Bald uferte dieses Ritual aus und überdeckte den eher nüchternen formellen Akt.

Heute ist der Ablauf der Schlacht genau festgelegt. Sie beginnt mit einer Prozession von etwa 5000 Menschen in weißen T-Shirts. Sie tragen Kruzifixe und Bibeln von Haro zu einer abgelegenen Kapelle. Dort wird eine Flagge gehisst und die Messe gelesen. Dann beginnt die Schlacht, und die jungfräulich weißen T-Shirts färben sich dank über 20 000 Litern Rotwein schnell ein. Jeder in Reichweite ist ein erlaubtes Ziel – auch Fotografen und Fernsehteams, die ihre Ausrüstung vorsorglich mit Plastiktüten schützen. Wasserpistolen, *botas* (lederne Trinkbeutel), Plastikflaschen und Eimer sind die gebräuchlichsten »Waffen«. Erfahrene Teilnehmer und solche, die die Schlacht wirklich ernst nehmen, rücken allerdings mit modernen Industriesprühern mit Rückentanks an.

Teilnehmende der Batalla del Vino bespritzen sich in den Weinbergen gegenseitig mit Wein

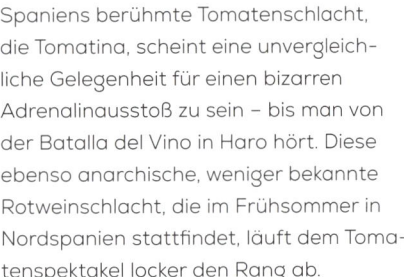

Wenn die Munition verfeuert ist, wandert die weinrote Menge den Hügel hinunter zu einem Frühstück mit Schnecken und Rotwein. Dann geht es in einer Prozession wieder zurück nach Haro. In der Sonne werden alle wieder trocken und feiern danach kräftig weiter, mit Singen, Tanzen, Feuerwerk, Stierkampf – und natürlich literweise Wein.

Immer noch Lust auf Tomatina?

Das Gedränge beim Tomatenwerfen in Buñol ist einfach unvermeidlich. Wenn du dabei sein willst, solltest du folgende Regeln beachten: Man muss die Tomaten zerquetschen, bevor man sie wirft, sollte einen Sicherheitsabstand zu den Lastwagen einhalten und keine harten Gegenstände werfen.

Oben Ein Traktor bringt Teilnehmende zur Kapelle zum Beginn der Schlacht
Unten Die Folgen: mit Rotwein übergossene Feiernde

So kommst du hin
Die nächstgelegenen Flughäfen sind in Vitoria und Bilbao. Von Bilbao und Barcelona fahren auch Busse und Züge nach Haro.

www.haroturismo.org

ST PATRICK'S DAY

Die Feierlichkeiten zum St Patrick's Day in Montserrat haben einen ungewöhnlichen Hintergrund. Vergiss also Dublin und mach dich auf den Weg zur karibischen Smaragdinsel, um eine ganz besondere Party zu erleben.

Alternative zum
St Patrick's Day, Irland

ST PATRICK'S DAY

Montserrat

Die kleine Karibikinsel Montserrat ist neben Irland einer der wenigen Orte auf der Welt, an denen der St Patrick's Day ein nationaler Feiertag ist. Aber es handelt sich nicht um typische Feierlichkeiten, sondern um eine einzigartige Kombination aus afrikanischem und irischem Erbe.

Das Ganze geht auf den 17. März 1768 zurück, als die versklavte Bevölkerung von Montserrat einen Aufstand gegen irische Siedler, die sich zur Feier des St Patrick's Day versammelt hatten, organisierte. Der Aufstand wurde zwar niedergeschlagen, aber im Gedenken daran feiert Monserrat auch heute noch den St Patrick's Day.

Seitdem der Tag 1985 zum nationalen Feiertag erklärt wurde, dauern die Feierlichkeiten zehn Tage, also doppelt so lange wie in Dublin. In der salzigen Meeresbrise wiegen sich maskierte Tänzer zu karibischen Rhythmen, an Straßenständen werden leckere lokale Speisen verkauft, und Familien nehmen an einem »Freiheitslauf« teil. Es gibt sogar eine Modenschau für Kleidung aus dem leichten Baumwollstoff Madras in grünem Tartan-Design.

Immer noch Lust auf den St Patrick's Day in Dublin?
Wenn man am Harbour2Harbour Walk teilnimmt, unterstützt man lokale Organisationen. Er findet am oder kurz vor dem 17. März entlang der wunderschönen Dublin Bay statt.

Typische Masken, die von den Montserratern während der Feierlichkeiten zum St Patrick's Day getragen werden

So kommst du hin
Der nächstgelegene Flughafen befindet sich im benachbarten Antigua. Von dort aus ist es ein 20-minütiger Flug oder eine 90-minütige Fährüberfahrt.

www.visitmontserrat.com

Musik, Dirndl, Brezen und Bier: Willkommen beim Gäubodenvolksfest in Straubing, dem zweitgrößten Volksfest Bayerns. Es ist eine eher lokale Angelegenheit und macht genauso viel Spaß wie das Oktoberfest.

GÄUBODEN-
VOLKSFEST

Alternative zum *Oktoberfest, Deutschland*

GÄUBODENVOLKSFEST

Deutschland

Von Frühling bis Herbst gibt es in Bayern viele Volksfeste. Das Münchner Oktoberfest ist das größte und international berühmt, das Straubinger Volksfest ist dagegen »a Trumm vom Paradies«, wie es der Heimatdichter Max Peinkofer formulierte.

In Straubing, etwa 145 Kilometer nordöstlich von München, findet jeden August das Gäubodenvolksfest statt. Das erste Mal wurde es 1812 ausgerichtet, es ist also nur zwei Jahre jünger als sein berühmteres Pendant. Damit hören die Ähnlichkeiten aber nicht auf. Auch hier gibt es große Bierzelte, bunte Zuckerwatte, historische

Fahrgeschäfte und viel Spaß, ganz zu schweigen von Lederhosen und Dirndl. Da es sich bei den Besuchern hauptsächlich um Einheimische handelt, sieht man auf dem Gäubodenfest wahrscheinlich weniger Trachten, dafür aber mehr echte. Überhaupt geht es hier viel traditioneller zu, von den angebotenen Speisen bis hin zum Dialekt – nämlich viel Bairisch. Also viel Spaß und Prost!

Immer noch Lust auf das Oktoberfest?

An den Wochenenden und in den Abendstunden ist auf dem Oktoberfest am meisten los. Unter der Woche und mittags bekommt man genauso viel Flair mit, vermeidet aber Menschenmassen.

Eines der sieben großen Bierzelte voller Menschen, die während des Gäubodenvolksfests schlemmen, trinken und singen

*So kommst du hin
Die Zugfahrt vom Münchner Hauptbahnhof nach Straubing dauert etwa zwei Stunden.*

www.straubing.de

FESTE UND FESTIVALS

WILDERNESS FESTIVAL

Das Wilderness Festival ist die extravagante, paillettenbesetzte Alternative zu Glastonbury. Es vereint musikalisches Chaos und eindringlichen Eskapismus an einem typisch britischen Wochenende.

Alternative zum Glastonbury Festival, Großbritannien

WILDERNESS FESTIVAL

Großbritannien

Jedes Jahr im August findet in den Wäldern von Oxfordshire das Wilderness Festival statt. Und was gehört dazu? Nur 10 000 Gäste, ein Haufen talentierter Musiker und viele Gourmet-Food-Trucks. Das auf Gemeinschaft ausgerichtete Festival bietet den gleichen musikalischen Zauber wie Glastonbury, aber mit einer Menge Extras.

Das Erste, was auffällt, wenn man ankommt, sind die Kostüme. Wilderness legt großen Wert darauf und bietet für jeden Festivaltag Kostümthemen wie »What Comes Naturally« und »Maximalism«. Die Themen sind sehr breit gefächert und lassen den Besuchern viel Raum

für ihre Kreativität. Außerdem gibt es ein schillerndes Aufgebot an glitzerndem Elasthan, farbenfrohen Hüten, biologisch abbaubarem Körperglitzer und dem einen oder anderen Cape.

Sobald das Outfit zusammengestellt ist, ist es Zeit für Musik. Wilderness ist nicht auf ein bestimmtes Genre festgelegt. An sechs Veranstaltungsorten gibt es ein breites Spektrum an Unterhaltung für Familien und partyfreudige Freunde.

Björk, einer der Top-Acts beim Wilderness Festival 2015

Hier teilen sich Folkbands, Hip-Hop-Künstler und Tanzgruppen die Bühne mit Blaskapellen, Orchestern und Berühmtheiten wie Grace Jones – wohin man auch schaut, gibt es Auftritte. Hier geht es aber nicht nur um Musik. In den Literaturzelten finden Spoken-Word-Shows, Poetry-Slams und Lesungen statt, während Theatergruppen durch die Felder marschieren und um Teilnehmer werben.

Und dann sind da noch weitere Aktivitäten. Freunde fordern sich gegenseitig zu Axtwurf-Wettbewerben heraus oder testen ihr Gleichgewicht beim Yoga auf dem Paddleboard. Braucht man etwas Ruhe, kann man im Schatten Löffel schnitzen oder zeichnen. Mutige können auch ein Bad im (kalten) See nehmen. Zur Entspannung gibt es danach Massagen und holzbefeuerte Whirlpools am See – ganz anders als die schlammigen Felder und feuchten Duschen von Glastonbury. Beim alljährlichen Kricketspiel am Sonntag kann man sogar selbst zum Schläger greifen.

Oben Festivalbesucher üben SUP-Yoga auf dem See von Wilderness
Rechts Gegessen wird im Dining Room Tent

Auch Feinschmecker kommen beim Wilderness Festival voll auf ihre Kosten. Bankettische mit Köstlichkeiten, die von preisgekrönten Köchen zubereitet werden, können im Voraus für ein Abendessen reserviert werden. Ebenso gut sind die Gourmet-Food-Trucks, die *Bao Buns* und Sushi Burritos an die kostümierten Massen verteilen.

Nach einem Tag voller Spaß und Essen zieht es die Nachtschwärmer in die Laserdiscos im Wald, oder sie versammeln sich um die Jazzmusiker, die auf der Karussellbühne herumspringen. In der Zwischenzeit lehnen sich blumengeschmückte Gestalten im Gras zurück und zählen die Sterne, bevor sie sich auf den Weg zurück zu ihren Glamping-Hütten machen.

Oben *Eine Runde Minigolf*
Unten *Eintauchen in die warmen Whirlpools am Seeufer*

Wilderness ist sehr fröhlich und vermittelt ein Gefühl von ausgelassenem Spaß, das viele seit ihrer Kindheit nicht mehr erlebt haben. Es ist vielleicht ein Mikrokosmos von Glastonbury in seiner reinsten Form: ein Raum, in dem man die Freude am Zusammensein mit Fremden erleben kann. Es brennt immer ein Lagerfeuer, und es gibt immer eine Einladung, sich dazuzugesellen.

Immer noch Lust auf Glastonbury?

Zum Glastonbury Festival kommen an fünf Tagen 200 000 Besucher. Hat man ein Ticket ergattert, sollte man festes Schuhwerk und ein Zelt mitnehmen – und sich vor Ort unbedingt merken, wo man das Auto geparkt hat.

So kommst du hin
Der nächstgelegene Bahnhof ist Charlbury mit regelmäßigen Verbindungen von London Paddington.

www.wildernessfestival.com

COPENHAGEN
JAZZ FESTIVAL

Als Spielwiese für Jazz-Titanen der Vergangenheit und Gegenwart hallt das weitläufige Festival in Kopenhagen durch die Stadt und stellt sein berühmteres Schweizer Pendant in den Schatten.

Alternative zum *Montreux Jazz Festival, Schweiz*

COPENHAGEN JAZZ FESTIVAL

Dänemark

Picknicken bei einem der zahlreichen Open-Air-Konzerte, die während des Festivals stattfinden

Das Copenhagen Jazz Festival, das größte Jazzfest Skandinaviens, ist geschichtsträchtig und spielt musikalisch gesehen in der gleichen Liga wie das Montreux Jazz Festival in der Schweiz.

Seit den 1950er und 1960er Jahren hallt Jazzmusik durch die historischen Straßen Kopenhagens, als die Stadt zu einem Zentrum für Ikonen wie Ben Webster, Dexter Gordon und Thad Jones wurde. Das Jazzfestival selbst geht auf das Jahr 1964 zurück (und ist damit ein paar Jahre älter als das in Montreux), als im Vergnügungspark Tivoli eine Veranstaltung mit Künstlern wie Miles Davis und Thelonious Monk stattfand. Heutzutage sind es Berühmtheiten wie Herbie Hancock, die hier auftreten.

Während sich das Jazzfestival in der Schweiz auf eine Reihe großer Bühnen konzentriert und oft mehr als 200 000 Besucher an einem einzigen Ort versammelt, erstreckt sich das Kopenhagener Jazzfestival im Juli fast über die ganze Stadt. Vom Jazzhus Montmartre und dem La Fontaine bis hin zu den kleinen Hips-ter-Cafés der Stadt – überall heißt das Festival Jazzfans willkommen. Auch weiter entfernt gelegene Veranstaltungsorte wie das Opernhaus bieten eine einmalige Gelegenheit, das Genre in einer wunderbaren Umgebung zu erleben.

Herzstück des Festivals ist jedoch die Inklusion. Man ist nie weit von einer kostenlosen Show entfernt, und auf den Bürgersteigen wird Musik für die breite Masse geboten. Überall hört man die Stakkato-Klänge von Kontrabass-Schlägen, schillernden Trompetensoli und klatschenden Menschenmengen. Als Festival, das alle Altersklassen anspricht, herrscht hier eine einzigartige Atmosphäre aus

Der dänisch-finnische Bassist Lennart Ginman und The Shape of Jazz spielen im Statens Museum

Die Insel Penang, auf der viele Chinesen leben, veranstaltet ein ausgelassenes Chinesisches Neujahrsfest, das ebenso ereignisreich ist wie das in Hongkong.

Alternative zum
Chinesischen Neujahrsfest, China

MONDNEUJAHR IN MALAYSIA

Malaysia

Weltklassemusik, denkwürdigem Wetter (gut, toll, sintflutartig und alles dazwischen) und einer starken Gemeinschaft von Musikfans.

Im Februar findet das Festival Vinterjazz statt. Es ist zwar kleiner als die Sommerveranstaltung, legt aber noch mehr Wert auf die Förderung lokaler Talente – und die Musik ist auch ziemlich gut.

Immer noch Lust auf Montreux?

Wer Montreux hautnah erleben möchte, sollte die beiden Hauptbühnen auslassen und stattdessen das kleinere Montreux Jazz Café und die vielen Open-Air-Veranstaltungen besuchen.

So kommst du hin
Das Festival findet im ganzen Zentrum statt, das man in zehn Minuten vom Flughafen Kopenhagen erreicht.

www.jazz.dk

Vergiss die Straßenparaden entlang der Nathan Road in Hongkong, stell dir lieber den grünen Penang Hill vor. Hier beginnen die 16-tägigen chinesischen Neujahrsfeiern auf der malaysischen Insel mit einem Knall: Über dem Kek Lok Si, einem der größten buddhistischen Tempel Südostasiens, wird ein Feuerwerk gezündet. Höhepunkt der Feierlichkeiten ist die neunte Nacht, wenn die Veranstaltungen nach George Town verlegt werden. Dann beherrschen die Promenade Tische mit tropischen Früchten, religiösen Ikonen und Urnen mit duftenden Räucherstäbchen. Löwentänze auf Stelzen und donnernde Trommeln halten die Menge bis Mitternacht in Atem, wenn sich der Himmel mit explodierenden Feuerwerkskörpern füllt.

Immer noch Lust auf Hongkong?

Das Feuerwerk über Victoria Harbour sieht man am besten von einem Restaurant aus (reservieren!).

So kommst du hin
Der Flughafen Penang ist mit Kuala Lumpur verbunden, das 370 Kilometer über die Straße oder den ETS-Expresszug entfernt ist.

So erhebend die BBC Proms auch sind, danach steht man wieder mitten im hektischen London. Beim Festival dei Due Mondi in Spoleto finden die Konzerte in einem römischen Theater statt, und danach geht man durch die hübsche mittelalterliche Stadt nach Hause.

***Alternative zu den** BBC Proms, Großbritannien*

FESTIVAL DEI
DUE MONDI

Italien

Das Festival dei Due Mondi, das jeden Sommer 16 Tage lang stattfindet, erstreckt sich über die gesamte umbrische Hügelstadt Spoleto. Natürlich sind die BBC Proms in London einzigartig – wo sonst gibt es ein Musikfestival, das drei Monate lang dauert? Aber so schön es ist, nach einem Sightseeing-Tag am Abend eine Prom zu erleben, so spricht doch vieles für Spoleto. Schlendert man durch die malerischen mittelalterlichen Gassen des historischen Zentrums, hört man vielleicht die Klänge eines Orchesters im römischen Theater oder eine weltberühmte Altistin, die in der Kathedrale probt.

Das Festival, das für Kunst- und Kulturliebhaber ein Muss ist, wurde 1958 von dem italienisch-amerikanischen Opernkomponisten und Dramatiker Gian Carlo Menotti gegründet. Er war entschlossen, seine Überzeugung, dass »Kunst nicht nur ein Likör bei den Abendessen der Reichen

ist«, weiterzuentwickeln. Als Austragungsort für sein Festival dei Due Mondi (die »zwei Welten« sind Europa und Amerika) entschied sich Menotti für Spoleto, das bereits mit mehreren Theatern und einem hilfsbereiten Bürgermeister gesegnet war. Er nutzte das Festival nicht nur, um aufstrebende Talente anzuziehen, sondern hatte auch den nötigen Einfluss, um internationale Megastars zu überreden, für ein geringes Entgelt aufzutreten. So gastierten auf dem Festival im Lauf der Jahre etliche international berühmte Musiker, Schauspieler, Regisseure, Schriftsteller und Tänzer – vom Filmemacher und Autorenfilmer Luchino Visconti, der am Eröffnungsabend des allerersten Festivals *Macbeth* inszenierte, bis zum Fernsehstar Luca Zingaretti, der den Inspektor Montalbano spielte.

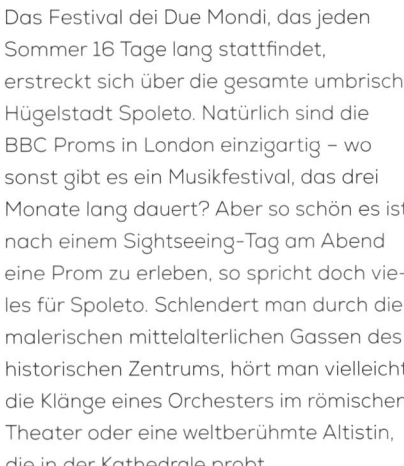

Von links im Uhrzeigersinn
Feuerwerk über der Stadt zum
Abschluss des Festival dei Due
Mondi; Künstlerin in Aktion
auf dem Festival; Musiker vor
einem Café in der Altstadt

Spoleto war bald eines der führenden Kultfestivals der 1960er Jahre und wurde als »Edinburgh des Südens« bekannt, das große Namen aus Theater, Musik und Tanz anzog, darunter Rudolf Nurejew, Luciano Pavarotti, Jacqueline du Pré und Margot Fonteyn, um nur einige zu nennen.

Heute ist das Festival dei Due Mondi vielleicht nicht mehr ganz so berühmt wie in den 1960er Jahren, bietet aber immer noch jedes Jahr ein unwiderstehliches Erlebnis für Ohren, Augen, Geist und Seele. Von der letzten Juni-Woche bis Mitte Juli verwandelt sich Spoleto in eine Festivalstadt: Die Cafés und Straßen füllen sich mit den Geräuschen der Proben und dem Meinungsaustausch über die Aufführungen des Vorabends. Die vergoldeten Logen des Teatro Nuovo aus dem 19. Jahrhundert werden auf Hochglanz

Die Piazza del Duomo im Herzen der Stadt ist während des Festivals Bühne für Konzerte

poliert, der Domplatz wird zu einer Bühne, und überall schleppen Techniker riesige Kisten mit Ausrüstung herum oder kleben Kabel an die Pflastersteine. Vielleicht sieht man eine junge Ballerina aus der *Aschenputtel*-Vorführung die Via Apollinare hinaufeilen oder den ersten Geiger des Festivalorchesters, der zwischen den Proben einen Espresso trinkt. Die Friseure haben alle Hände voll zu tun, die Modeboutiquen machen ein Vermögen, und abends werden die Straßen zu einem Laufsteg für tadellos gekleidete Menschen jeden Alters, die sich auf den Weg zu den Theatern machen.

Das Schöne an Spoleto ist zudem, dass man dem Trubel jederzeit entkommen kann. Die Stadt ist von den herrlichen umbrischen Hügeln mit zahlreichen Wanderwegen umgeben. Einer der schönsten Pfade führt entlang der stillgelegten Eisenbahnlinie Spoleto – Norcia ins Valnerina-Tal.

Menschliche Puppen einer Straßentheatergruppe, die während des Festivals auftreten

Eine Aufführung klassischen Balletts, das einen großen Teil des Festivalprogramms ausmacht

Und wenn man mehr von Umbriens kulturellen Attraktionen erkunden möchten, ist Spoleto ein guter Ausgangspunkt, um andere fabelhaften Städte der Region zu besuchen. Die Zug- und Busverbindungen sind gut, sodass man kein Auto braucht, um Orvieto, Perugia, Todi oder Assisi zu besuchen, die allesamt mit exzellenter Kunst aufwarten, die das Angebot in den meisten britischen Grafschaften rund um London in den Schatten stellt.

Da Spoleto bei den Italienern während des Festivals sehr beliebt ist, sollte man sich frühzeitig um eine Unterkunft kümmern. Auch Restaurants können teuer sein und sollten im Voraus gebucht werden.

Immer noch Lust auf die BBC Proms?

Tickets für die beliebtesten Konzerte sind schnell ausverkauft, aber Stehplatzkarten gibt es oft noch am Tag der Veranstaltung. Will man viele Vorstellungen besuchen, kann sich eine Dauerkarte lohnen. Karten für die Last Night of the Proms sind schwer zu bekommen. Stattdessen kann man das Konzert im Hyde Park besuchen, das mit einem spektakulären Feuerwerk endet.

So kommst du hin
Der nächstgelegene Flughafen ist in Perugia, 48 Kilometer entfernt. Shuttlebusse verkehren zwischen dem Bahnhof und dem historischen Zentrum.

www.festivaldispoleto.com

BONNAROO

Während Coachella für seine von Marken gesponserten Veranstaltungen und berühmten Gäste bekannt ist, geht es beim Bonnaroo im ländlichen Tennessee vor allem um den Gemeinschaftsgeist und die gute Stimmung. Damit kommt es dem legendären Woodstock von 1969 sehr nah.

Alternative zu Coachella, USA

BONNAROO

USA

Coachella mag die heißeste Musikveranstaltung sein, aber für alle, die auf der Suche nach einem Festival sind, das Spaß macht und sich selbst nicht zu ernst nimmt, ist Bonnaroo ein absolutes Muss.

Jedes Jahr im Juni verwandelt sich eine Farm in der verschlafenen Stadt Manchester, Tennessee, in eine Metropole der Kunst und Musik, die für vier Tage Tausende von Besuchern willkommen heißt. Bonnaroo hat seine Wurzeln als Jam-Band-Festival, zieht aber mittlerweile Acts aller Genres an – von den Foo Fighters bis zu Lizzo – und vermittelt ein Gefühl der Freiheit, bei dem es weniger um das Etikett an der Kleidung als vielmehr um die Energie geht, die man mitbringt.

Das Mantra lautet »Radiate Positivity« (Strahle Positivität aus), und genau das findet man hier. Gemeinschaftsgeist und Spaß sind im Überfluss vorhanden. Tagsüber rennen die von der südlichen Hitze durchnässten Festivalbesucher von Bühne zu Bühne, um ihre nächste Lieblingsband

zu sehen; andere tanzen unter den experimentellen Kunstinstallationen oder besuchen die Comedy- und Kinozelte. Nachts findet die Party auf dem Campingplatz statt, wo die meisten Besucher übernachten – Hotels entsprechen einfach nicht dem Stil von Bonnaroo.

Immer noch Lust auf Coachella?

Eine ganz neue Erfahrung in der kalifornischen Wüste macht man, wenn man aufs teure Hotel verzichtet und im Tal zeltet.

So kommst du hin
Der nächstgelegene Flughafen ist in Nashville. Von dort fährt man mit dem Auto eine Stunde zur Farm.
www.bonnaroo.com

Festivalbesucher genießen ein Konzert auf dem Bonnaroo in Tennessee

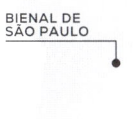

*Die Biennale in Venedig ist riesig – und teuer, aber was wäre,
wenn man große Kunst kostenlos sehen könnte? Die Biennale
von São Paulo ist international, eklektisch und von rebelli-
schem Geist geprägt. Sie zeigt provokative zeitgenössische
Kunst – und das erstaunlicherweise ohne Eintrittsgelder.*

Alternative zur *Biennale di* Venezia, Italien

BIENAL DE
SÃO PAULO

Brasilien

Wie in Venedig wird auch in São Paulo
bahnbrechende Kunst, Design und Architektur aus der ganzen Welt gezeigt. Der
Vorteil der brasilianischen Version: Man
muss nichts bezahlen, um sie zu sehen.

Die 1957 ins Leben gerufene Biennale
ist eine der wichtigsten Kunstveranstal-
tungen Südamerikas. Ihre Ausstellungen,
die von September bis Dezember laufen,
füllen den Parque do Ibirapuera, eine
Oase inmitten des Betondschungels der
Stadt, sowie viele kleine Galerien. Highlight
ist immer die aktuelle südamerikanische
Kunst. Gespickt mit sozialen und politi-
schen Anspielungen, scheuen sich die
Ausstellungen, zu denen auch die Aus-
einandersetzung mit dem Sklavenhandel
und Reflexionen eines indigenen Künstlers
über den Amazonas gehörten, nie davor,
Stellung zu beziehen.

*Besucher einer
Fotoausstellung
auf der Biennale
von São Paulo*

Immer noch Lust auf die
Biennale di Venezia?

Besorg dir im März Frühbucherkarten.
Zwischen Oktober und November ist der
Andrang nicht mehr so groß.

*So kommst du hin
São Paulo hat einen
großen internationalen
Flughafen. Die Metro ist
die effizienteste Art, sich
in der Stadt zu bewegen.*

www.bienal.org.br

AUCH SEHENSWERT

SHARJAH BIENNIAL
**Vereinigte Arabische
Emirate**
Neben Kunst, Musik und Film
bietet die Sharjah-Biennale in
ungeraden Jahren ein umfang-
reiches Programm für Familien.

LIVERPOOL BIENNIAL
Großbritannien
Die Biennale verwandelt die
Stadt mit ungewöhnlicher Kunst
im öffentlichen Raum. Sie wurde
1988 gegründet und verspricht
immer, die Dinge auf den Kopf
zu stellen.

Die Tel Aviv Pride – die größte Veranstaltung dieser Art im Nahen Osten – ist der großen Queer-Veranstaltung in Sydney dicht auf den Fersen und ebenso ausgelassen und fröhlich.

Alternative zum Sydney Gay and Lesbian Mardi Gras, Australien

TEL AVIV PRIDE

Israel

Im Vorfeld des Festivals werden die Hauptstraßen Tel Avivs mit Regenbogenflaggen und Plakaten geschmückt, die ein Sammelsurium von Festivitäten ankündigen. Jedes Jahr im Juni bringt die Tel Aviv Pride eine Vielzahl von Veranstaltungen - Konzerte, Strandpartys, Kunstausstellungen, Filmvorführungen, Aktivitäten für Jugendliche und ein Drag-Festival – in das Herz der israelischen Metropole.

Natürlich ist der Sydney Gay and Lesbian Mardi Gras legendär – er ist weltweit eine der größten Veranstaltungen dieser Art mit Kabarett und Comedy, Drag und Tanz, die jedes Jahr Farbe (und Tausende von Touristen) in die Stadt bringen. Es spricht jedoch viel dafür, die

Pride in Israel zu feiern. Seit ihren Anfängen 1979 hat die Tel Aviv Pride durch ihre starke Sichtbarkeit und ihre unverblümte Akzeptanz von Vielfalt dazu beigetragen, die Debatte über LGBTQ+ Rechte selbst in den zutiefst konservativen und religiösen Ecken der israelischen Gesellschaft anzuregen. Sie ist natürlich eine riesige Party, aber wie in Sydney ist sie auch Teil eines andauernden Kampfes um Akzeptanz und Gleichberechtigung.

Bei der Parade hört man die Wagen schon, bevor man sie sieht, denn ein hämmernder Techno-Beat kündigt jedes Vehikel an, das einen DJ und Tänzer an Bord hat. Während sich die Parade ihren Weg entlang der Strandpromenade bahnt und einen Hauch von Rio ans Mittelmeer bringt, schließen sich Menschen aus allen Gesellschaftsschichten – einige mit Kinderwagen, andere mit ausgefallenen

Feiernde ziehen durch Tel Aviv und schwenken die traditionellen Regenbogen-Fahnen und -Girlanden

Perücken, viele mit beidem – der Fröhlichkeit an, wippen im Takt, feiern die Rechte von LGBTQ+ und die Freude am Leben.

Höhepunkt des einwöchigen Spektakels ist die Parade, die am Freitagnachmittag stattfindet. Zehntausende Touristen schließen sich den über 200 000 Israelis in Clubs, Parks und am Sandstrand an, um eine Botschaft der Freude und Liebe zu feiern. Die musikalische Prozession endet traditionell im Charles Clore Park nördlich der Altstadt von Jaffa – ideal, um den Sonnenuntergang zu beobachten.

Immer noch Lust auf den Sydney Gay and Lesbian Mardi Gras?

Der Sydney Gay and Lesbian Mardi Gras bringt jedes Jahr im Februar und März eine schrille Party in Australiens größte Stadt. Es ist ein Vergnügen, dabei zu sein. Zieh an, was immer dir gefällt – ob einen glitzernden Anzug oder ein rosa Tutu –, und tauch ein in die Feierlichkeiten.

So kommst du hin
Vom Flughafen Ben Gurion (TLV), etwa 15 Kilometer südöstlich von Tel Aviv, fahren Züge und Taxis in die Stadt.

https://visit.tel-aviv.gov.il

AUCH SEHENSWERT

REYKJAVÍK PRIDE
Island
Ein Drittel der Isländer nimmt an der Pride in Reykjavík teil, die im August sechs Tage lang Konzerte, Vorträge, Tänze und eine riesige Parade bietet.

PUERTO VALLARTA GAY PRIDE
Mexiko
Die Open-Air-Konzerte, Strandpartys und Feiern in der Stadt dauern eine Woche lang in einem der wichtigsten LGBTQ+ Hotspots Mexikos.

SEMANA SANTA, CUSCO

Die Feierlichkeiten in der alten Inka-Hauptstadt Cusco sind ebenso berauschend wie die großen Prozessionen in Sevilla. Außerdem vermischen sich hier alte andine und katholische Bräuche.

Alternative zur
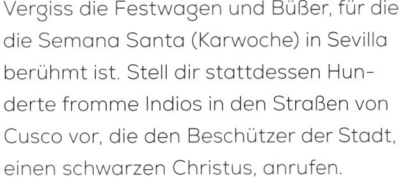
Semana Santa, Sevilla, Spanien

SEMANA SANTA, CUSCO

Peru

Vergiss die Festwagen und Büßer, für die die Semana Santa (Karwoche) in Sevilla berühmt ist. Stell dir stattdessen Hunderte fromme Indios in den Straßen von Cusco vor, die den Beschützer der Stadt, einen schwarzen Christus, anrufen.

Tausende von Pilgern strömen zu den einwöchigen Prozessionen, Festlichkeiten und Passionsspielen nach Cusco. Auf der Plaza de Armas werden *empanadas* und Maisbrot verkauft, und am Gründonnerstag versammeln sich die Menschen, um zwölf Gerichte – für die zwölf Apostel – aus Kartoffeln, Meeresfrüchten und *tarwi* (Anden-Lupine) zu teilen.

In Sevilla ist der wichtigste Tag der Karfreitag, in Cusco der Ostermontag. Im Morgengrauen wird in der Kathedrale, die auf den Fundamenten eines Inka-Palasts erbaut wurde, die Christusfigur für die Hauptprozession vorbereitet. Gekrönt wird sie mit einer Girlande aus *Ñucchu*-Blumen und mit Schmuck behängt. Dazu singen kleine Chöre, die *chayñas* und *jilgueras*, Lieder in der Inka-Sprache Quechua.

Um 15 Uhr wird der riesige Christus wie vor Jahrhunderten die Mumien der Inka-Herrscher durch die Straßen getragen. Der Überlieferung zufolge stoppte die Reliquie auf ihrem allerersten Umzug 1650 ein katastrophales Erdbeben. Seither wird sie El Señor de los Temblores (»Herr der Erdbeben«) genannt. Die roten

El Señor, die mit ñucchu geschmückte schwarze Christusfigur, wird am Ostermontag durch Cusco getragen

Traditionelle Tänze auf der Plaza de Armas sind Teil der Feierlichkeiten während der Semana Santa

KARNEVAL IN
MOMBASA

Fröhliche Tänze, schwungvolle Melodien, extravagante Festwagen – und gemeint ist nicht der Mardi Gras in New Orleans. Lass dich von den Rhythmen des Karnevals in Mombasa mitreißen!

Alternative zum
Mardi Gras, New Orleans, USA

KARNEVAL IN
MOMBASA

Kenia

FESTE UND FESTIVALS

Ñucchu-Blumen opferte man einst den Inka-Göttern, heute symbolisieren sie das Blut Christi. Sie werden von den Balkonen auf die Prozession geworfen, Feuerwerkskörper kündigen die Ankunft der Christusfigur an. Um 19 Uhr kehrt El Señor wieder in die Kathedrale zurück – bis zum nächsten Jahr. Ob gläubig oder nicht – die Feierlichkeiten in den Anden sind einfach mitreißend.

Immer noch Lust auf die Semana Santa in Sevilla?
In Sevilla sollte man sich frühzeitig einen guten Aussichtspunkt suchen.

Den ganzen November über vibriert die zweitgrößte Stadt Kenias von den Klängen des Karnevals, dem größten des Landes. Die Straßen füllen sich mit bunt kostümierten Tänzern, die sich zu den traditionellen Rhythmen afrikanischer Trommeln, Zithern und Tamburine sowie zu den Beats des Afro-Pops bewegen.

Höhepunkt sind zwei Paraden, die auf der Moi Avenue zusammenkommen, mit bunten Festwagen und Hunderten von Trommlern. Männer und Frauen marschieren und tanzen in gestreiften *kikoi* und leuchtenden *kanga*. An den Ständen wird Streetfood verkauft: *viazi karai* (Kartoffel-Snack) und *mitai* (Kokosnussknödel), die mit *mnazi* heruntergespült werden. *Kuwakaribisha Kenia* – willkommen in Kenia.

Immer noch Lust auf New Orleans?
In der Mardi Gras World (https://mardigrasworld.com) erfährt man alles über die Herstellung und Gestaltung der Festwagen.

So kommst du hin
Der Flughafen Alejandro Velasco Astete ist fünf Kilometer vom Zentrum von Cusco entfernt.

www.peru.travel

So kommst du hin
Taxis vom Flughafen Moi in Mombasa brauchen 20 bis 30 Minuten ins Stadtzentrum.

www.tourism.go.ke

Im Gegensatz zu Warteschlangen, hohen Preisen und der Hektik des größten roten Teppichs der Welt punktet San Sebastián mit künstlerischen Filmen und einer entspannten Atmosphäre.

Alternative zum *Festival de Cannes, Frankreich*

SAN SEBASTIÁN
FILM FESTIVAL

Spanien

»Oh, ich seh mir hier keine Filme an.« Dieser Satz fasst die ganze Frustration wahrer Cineasten auf dem bedeutendsten Filmfest der Welt zusammen. In Cannes möchten die Besucher kaufen und verkaufen, tratschen und feiern. Gelegentlich gewinnt man den Eindruck, dass die Filmvorführungen nur Nebensache sind.

San Sebastián (baskisch: Donostia) ist dagegen ein Festival für Filmfans. Hier gibt es vielleicht nicht so viele Weltpremieren wie an der Côte d'Azur, doch die Organisatoren haben ein gutes Gespür für neue Regisseure. Zudem gibt es großartige Retrospektiven – vom japanischen Film noir über einzelne Regisseure bis zu Filmen über Migration.

Entscheidend ist, dass man hier Zeit hat, sich diese Filme anzusehen. San Sebastián ist

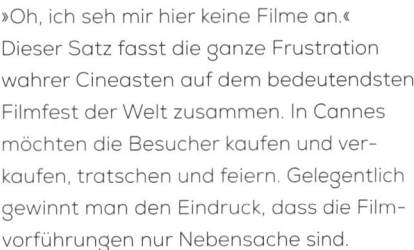

wesentlich entspannter als das manisch übernächtigte Cannes, und es ist demokratischer: Mit etwas Planung bekommt man für jeden Film Karten. In Cannes sind dagegen nur die Filme für das breite Publikum zugänglich, die in der Sektion Quinzaine oder am Strand beim Cinéma de la Plage laufen.

Aber das spanische Festival, das neun Tage lang im September stattfindet, hat auch seine glamourösen Seiten. Zu den Stars, die das Festival in der Vergangenheit besucht haben, gehören unter anderem Kirsten Stewart, Diane Kruger und Liam Neeson.

Der Spielplan in San Sebastián erlaubt auch,

Penélope Cruz überreicht Marion Cotillard beim 69. Filmfestival von San Sebastián einen Preis

sich die Stadt selbst anzusehen. Sie hat eine schöne Architektur und, vor allem in der Altstadt, eine lebendige Restaurant- und Barszene. Vom Kursaal (der futuristische Kubus ist das Festivalzentrum) zum Belle-Époque-Kino Victoria Eugenia, in dem die Pressevorführungen stattfinden, sind es eigentlich nur fünf Minuten zu Fuß, doch die Versuchungen der *pintxos* (die baskische Version der Tapas) sind oft so groß, dass sich der kurze Weg zu einem kulinarischen Streifzug ausdehnen kann.

San Sebastián mit seinen weitläufigen goldenen Stränden, die von grünen Hügeln umgeben sind, bei Sonnenuntergang

Immer noch Lust auf das Festival de Cannes?

Plane deinen Besuch wie einen Feldzug. Hotelzimmer müssen mindestens sechs Monate im Voraus gebucht werden, und wenn man Wettbewerbsfilme sehen will, muss man eine Akkreditierung beantragen. Alte Filme werden jeden Abend kostenlos an der Plage Macé gezeigt.

So kommst du hin
Der nächstgelegene Flughafen ist Bilbao, 105 Kilometer westlich von San Sebastián.

www.sansebastian festival.com

MOTOVUN FILM FESTIVAL
Kroatien
Von den kleineren europäischen Filmfestivals ist das in einem kroatischen Bergdorf eines der unterhaltsamsten. Dank Indie-Programm und einer Fangemeinde, die in Zelten übernachtet, wird es auch als »Mischung aus Glastonbury und Sundance« bezeichnet.

FILMFESTSPIELE VON VENEDIG
Italien
Venedig eröffnet Anfang September die Preisverleihungssaison im Herbst und macht Cannes mit den Weltpremieren der Oscar-Anwärter Konkurrenz.

LOCARNO FILM FESTIVAL
Schweiz
Das Schweizer Festival kommt San Sebastián in seiner Mischung aus großartiger Kulisse und kleinem, aber interessantem Wettbewerbsprogramm vielleicht am nächsten. Die Gala-Vorführungen unter freiem Himmel sind zu Recht berühmt.

Alternative zum Camino Inca, Peru

Apolobamba Trek, Bolivien

Seite 68

Alternative zum Glacier Express, Schweiz

TranzAlpine, Neuseeland

Seite 72

Alternative zum Shimanami Kaido, Japan

Helgeland, Norwegen

Seite 73

Alternative zur Route 66, USA

Coastal Route 15, Mexiko

Seite 74

Alternative zum Everest Base Camp, Nepal

Annapurna, Nepal

Seite 76

Alternative zum Kilimandscharo, Tansania

Mount Stanley, Uganda

Seite 78

Alternative zur Antarktis

Grönland, Dänemark

Seite 82

Alternative zur Great Ocean Road, Australien

Wild Atlantic Way, Irland

Seite 84

Alternative zu Chiang Mai, Thailand

Trekking in Bhutan, Bhutan

Seite 85

Alternative zur Fahrt auf dem Nil, Ägypten

Fahrt auf dem Nassersee, Ägypten

Seite 86

Alternative zum Orient-Express, Europa

Rovos Rail, Afrika

Seite 88

Alternative zur Amalfiküste, Italien

Korsikas Nordwest-Küste, Frankreich

Seite 90

Alternative zum Camino de Santiago, Spanien

Kumano Kodo, Japan

Seite 94

Alternative zur North Coast 500, Großbritannien

Kintyre 66, Großbritannien

Seite 95

Alternative zu den griechischen Inseln, Griechenland

Montenegros Inseln, Montenegro

Seite 96

UNVERGESSLICHE REISEROUTEN

APOLOBAMBA
TREK

Während Menschenmassen auf dem Camino Inca nach Machu Picchu marschieren, bleibt eine andere uralte Route durch Boliviens Berge ruhig. Nur Abenteuerlustige wandern auf diesem Pfad und treffen auf Inka-Ruinen und atemberaubende Landschaften.

Alternative zum *Camino Inca, Peru*

APOLOBAMBA TREK

Bolivien

Warum dem Camino Inca nicht eine Auszeit gönnen? Auf dem Trail in Peru, der sich durch zerklüftete Berge und dampfende Nebelwälder schlängelt, wimmelt es nur so von Rucksacktouristen. Nur wenige wissen jedoch, dass gleich hinter der Grenze die schneebedeckten Gipfel der bolivianischen Cordillera Apolobamba einige der schönsten und wildesten Wanderungen Südamerikas bieten. Dieses wenig bekannte Gebiet ist ein bezaubernder Ort. Heilige Berge und die bemerkenswert unveränderte Welt der indigenen Andenbewohner warten auf diejenigen, die diese wenig begangene Route erkunden möchten.

Nicht umsonst wird Bolivien auch als »Tibet Amerikas« bezeichnet. Der fünftägige, 93 Kilometer lange Apolobamba Trek führt durch das Herz der Cordillera Apolobamba und das Biosphärenreservat Apolobamba Integrated Management Natural Area mit Dutzenden von Gipfeln

über 5000 Metern. Diese Hochandenlandschaft ist vom Tourismus unberührt – anstelle der Menschenmassen des Camino Inca haben Wanderer hier nur spiegelglatte Seen, schneebedeckte Berge und freundliche Kamele als Gesellschaft. Übernachtet wird in Zelten unter dem weiten, funkelnden Himmel.

Der Weg ist zwar nicht wie der Camino Inca gepflastert, doch haben einige Abschnitte ihre Wurzeln in der Inka-Zeit. Die Pfade an den Berghängen der Cordillera Apolobamba wurden angelegt, um Zugang zu den heute verlassenen Goldminen zu erhalten, die zuerst von den Inka und dann von den Spaniern betrieben wurden – und von denen Historiker glauben, dass sie den Mythos von El Dorado genährt haben. Kleine Inka-Stätten sind Bestandteil dieser Route und bieten einen Einblick in die Welt dieser alten Zivilisation.

Wanderung durch Feuchtgebiete, die die Hochgebirgstäler der Cordillera Apolobamba prägen

Oben *Kallawaya-Frau in*
traditioneller Kleidung
Links *In der Region*
grasen auch Lamas

Der Apolobamba Trek beginnt im malerischen Bergdorf Curva, wo Angehörige des Kallawaya-Volks leben, deren Wurzeln bis zur präkolumbischen Tiwanaku-Zivilisation zurückreichen. Früher waren sie Heiler und setzen auch heute noch ihr bemerkenswertes Wissen über Kräuter ein, um von Dorf zu Dorf zu ziehen und Kranken Heilmittel zu verabreichen. Es lohnt sich, in Curva einen Führer (die Routenfindung kann auf diesem Weg schwierig sein) und Lasttiere zu organisieren, um sicherzustellen, dass die Einnahmen in den lokalen indigenen Gemeinschaften bleiben.

Hinter Curva rückt der Akamani, der heilige Berg der Kallawaya, ins Blickfeld. Fortan verläuft der Weg meist über der 4000-Meter-Grenze und bietet ein grandioses Bergpanorama mit Wasserfällen und Gletscherseen, Alpakas und Lamas auf Hochweiden, wilden Vikunjas, Viscachas und Kondoren – sowie scheuen Pumas und Brillenbären. Im Süden ist das gezackte Rückgrat Boliviens, die Cordillera Real, zu sehen, während sich in der Ferne die schneebedeckte Kulisse der Cordillera Apolobamba erhebt.

Zwischen den majestätischen Bergen liegen tiefe Täler, in denen Seen voller Forellen sind, die mit dem fast schockierenden Rosa der Flamingos für einen willkommenen Farbtupfer sorgen.

Die ländliche Siedlung Curva liegt in den zerklüfteten Ausläufern des Apolobamba-Gebirges

Der weitere Verlauf der Wanderung führt durch eine pastorale Szenerie und zu Siedlungen in unvorstellbaren Höhen. Hier leben winzige Gemeinschaften der Aymara-Indianer, die Alpakas hüten und deren Spuren bis in die Vor-Inka-Zeit zurückreichen. Sie züchten ihre Tiere in Feuchtgebieten und üppigem Grasland und bewohnen strohgedeckte Hütten, die auf etwa 4000 Meter Höhe stehen. Außerhalb der Weiden grasen Vikunjas (die feinhaarigen, wilden Vettern der Alpakas), deren Bestand durch Erhaltungsmaßnahmen auf über 2500 Tiere angewachsen ist.

Die Kameliden sind nicht die einzigen Tiere, denen Wanderer begegnen. In den Felsen verstecken sich hüpfende, kaninchenähnliche Viscachas, und wer Glück hat, kann sogar den scheuen Brillenbären sehen, der die Wälder in den unteren Höhenlagen der Berge bewohnt.

Am vierten Tag erreicht die Wanderung mit dem Cumbre Sunchulli den höchsten Punkt (5060 m). Von diesem hoch aufragenden, felsigen Pass hat man (wenn das Wetter mitspielt) einen herrlichen Blick auf ein vergletschertes Tal, das von zerklüfteten Bergen umrahmt und von einem azurblauen Himmel überspannt wird. Hier wird klar, warum die Andenbewohner glauben, dass man den Göttern am nächsten kommt, wenn man hoch oben steht. Über einem schweben Andenkondore, die mit ihren breiten Flügeln und weißen Tudor-Krausen vor dem blauen Himmel leicht zu erkennen sind.

Nach fünf Tagen endet der Trek in Pelechuco. Das Dorf entstand während der spanischen Eroberung, als es als Außenposten für den Goldabbau gegründet wurde; heute bietet Pelechuco müden Wanderern eine Pause. Hier kann man innehalten und die Bergluft tief einatmen, bevor der Bus nach La Paz zurückfährt.

Immer noch Lust auf den Camino Inca?

Pro Tag sind nur 500 Wanderer auf dem Camino Inca zugelassen. In der Hochsaison (Juni - August) sind die Genehmigungen schnell ausverkauft, im Mai sind sie leichter zu bekommen – ein Monat, in dem es noch trocken und warm ist und die Chancen gut stehen, das berühmte Panorama von Machu Picchu zu sehen.

So kommst du hin
Der nächstgelegene Flughafen ist in La Paz. Von dort geht es entweder mit dem Bus (6 -10 Std.) oder einem Mietwagen mit Fahrer nach Curva.

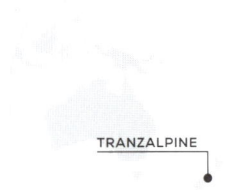

Soll es durch epische Berglandschaften gehen? Dafür gibt es nicht nur den beliebten Glacier Express in der Schweiz. An Bord des TranzAlpine erlebt man die aufregenden Berglandschaften Neuseelands aus nächster Nähe.

Alternative zum
Glacier Express, *Schweiz*

TRANZALPINE

Neuseeland

Mit seinen Alpenpässen und kurvigen Küstenstraßen wird Neuseeland oft als Paradies für Roadtrips bezeichnet, aber das kleine Land ist nicht nur für landschaftlich schöne Straßen bekannt. Über die Gipfel der Südinsel fährt der TranzAlpine – die reizvollste (und entspannteste) Art, Neuseelands abwechslungsreiche Landschaften kennenzulernen.

Während der Glacier Express in der Schweiz die Gipfel der Alpen durchquert, führt Neuseelands Bahnabenteuer Reisende durch eine noch größere landschaftliche Vielfalt. Von Christchurch aus schlängelt sich der Zug durch die Canterbury Plains, bevor er in die Südalpen aufsteigt (die zerklüfteten Gipfel aus der »Herr der Ringe«-Trilogie). Vom Waggon aus können Reisenden beobachten, wie sich die Landschaft von gletscherbedeckten Tälern, die vom Waimakariri River unterbrochen werden, zu dichten Buchenwäldern verändert. Einen noch besseren Ausblick bietet der offene Aussichtswagen.

Wenn man die traumhafte Aussicht auf die Alpen bewundert, können fünf Stunden wie im Flug vergehen. Plötzlich

Der TranzAlpine fährt durch die Südalpen auf der Südinsel

fährt der Zug durch den Otira-Tunnel und hält in Greymouth. Hier locken einheimische Biere, Fleischpasteten und Hokey-Pokey-Eiscreme, alles serviert von charmanten Kiwis.

Immer noch Lust auf den Glacier Express?

Günstigere und weniger überfüllte Züge fahren auf der gleichen Strecke wie der Glacier Express. Plane deine Fahrt auf der Internetseite der Schweizer Bahn (www.sbb.ch).

So kommst du hin
Man kann den TranzAlpine in Christchurch (Ostküste) oder Greymouth (Westküste) besteigen.

www.newzealand.com, www.greatjourneysofnz.com

Die norwegische Helgeland-Küste ist wild, oft einsam und bietet mit ihrer dramatischen skandinavischen Landschaft eine Alternative zu Japans klassischer Radroute, dem Shimanami Kaido.

Alternative zum Shimanami Kaido, Japan

HELGELAND

Norwegen

Während der Shimanami Kaido, der über mehrere Inseln in der Seto-Inlandsee führt, fast wie ein Fließband für Touristen ist, ist die lange Fahrt entlang der zerklüfteten norwegischen Küste eine weit weniger befahrene Route. Die norwegische FV17 führt durch Städte und Dörfer am Wasser und schlängelt sich an Fjorden und imposanten Bergen vorbei. Unzählige Inseln und Inselchen, die durch Fähren oder Brücken miteinander verbunden sind, liegen in den Buchten.

Der Abschnitt an der Helgeland-Küste auf halbem Weg zwischen Trondheim und Bodø ist das Prunkstück. Die Sieben Schwestern, die sich hier über Sandnessjøen erheben, drohen mit ihrem dramatischen Sägezahnprofil den Himmel zu spalten, während der Torghatten – ein kurzer Abstecher von der FV17 – ein Berg mit einem bizarren natürlichen Loch ist.

Die Natur spielt hier zwar die Hauptrolle, aber es gibt auf der Strecke auch Ortschaften mit gemütlichen Lokalen und Übernachtungsmöglichkeiten. Radfahrer mit kleinem Budget können auch wild campen und sich selbst verpflegen und die Landschaft fast umsonst genießen.

Immer noch Lust auf den Shimanami Kaido?

Am besten besucht man die Region zwischen März und Mai, um die sommerlichen Regenfälle und die ofenähnlichen Temperaturen zu vermeiden.

So kommst du hin
Mit Zug und Bus kommt man von Oslo nach Brønnøysund mit Fahrradverleih für eine einfache Strecke.

www.visithelgeland.com

Berge, Sandstrände und azurblaues Wasser entlang der Küste von Helgeland

UNVERGESSLICHE REISEROUTEN

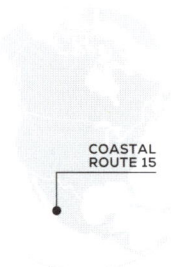

COASTAL
ROUTE 15

Die berühmte US-Route 66 ist der ultimative Roadtrip? Falsch gedacht: Sonne, Sand und endlose Küstenabschnitte machen Mexikos Küstenroute 15 zur perfekten Wahl für Abenteurer.

Küstenlandschaft bei San Carlos Nuevo Guaymas auf der ersten Etappe der Coastal Route 15

==Alternative zur== *Route 66, USA*

COASTAL ROUTE 15

Mexiko

UNVERGESSLICHE REISEROUTEN

Es gibt nur wenige Orte auf der Welt, wo man stundenlang fahren kann, während auf der einen Seite die Weite des Ozeans und auf der anderen Seite alles von Wüstenlandschaften bis zu tropischen Wäldern zu sehen ist. Von den wenigen Routen, die es noch gibt, ist der relativ unbekannte Küstenabschnitt der Route 15 in Mexiko eine der besten. Diese Reise kann man in nur fünf Tagen machen, aber auch bis zu sechs Monate lang genießen. Auf dem Weg kommt man an winzigen Pueblos (kleinen Städten) am Meer vorbei, an einladenden Dörfern, endlosen Feldern mit blauen Agaven, prähistorischen Landschaften, toltekischen Ruinen und weiter südlich an einigen der berühmtesten Badeorte der Welt.

Die erste Etappe der Reise beginnt in der Grenzstadt Nogales im Landesinneren. Von hier aus fährt man in Richtung Golf von Kalifornien durch die wilde Landschaft der Sonora-Wüste, bevor die Straße durch die pulsierende Stadt Hermosillo führt und bei Guaymas am strahlend blauen Meer entlangführt.

Schon der Weg dorthin ist ein Abenteuer für sich: Man kreuzt den Weg der giftigen Gila-Krustenechse, sieht Rennkuckucks vorbeihuschen und entdeckt gelegentlich einen kreisenden Geier.

Von hier an geht es hauptsächlich der Küste entlang mit dem schimmernden Pazifischen Ozean als treuem Begleiter. Nächster Halt ist Mazatlán, etwa 100 Kilometer von Guaymas entfernt. Mazatlán wird auch die »Perle des Pazifiks« genannt und verfügt mit 20 Kilometern über einen der längsten Sandstrände der Welt.

Malerische kleine Fischerdörfer und klassische mexikanische Landschaften liegen vor dir, bevor die Route 15 wieder nach Osten in Richtung der Stadt Tepic abbiegt. Wenn du keine Lust auf diesen Abschnitt im Landesinneren hast, kannst du auf der Route 200 auch weiter nach Süden der Küste entlangfahren bis zu den berühmten Urlaubsorten im Süden, die als die »Big Five« gelten: Puerto Vallarta, Manzanillo, Ixtapa, Acapulco und Puerto Escondido. In dieser lebhaften Gegend kann man die Seele baumeln lassen, an

74

Oben Kirchturm der
Iglesia Nuestra Señora de
Guadalupe, der ältesten
Kirche in Puerto Vallarta
Unten Einheimische
spielen Domino an einem
Strand in Mazatlán

den schönen Stränden entspannen und
das pulsierende Nachtleben genießen,
bevor man Mexiko endgültig Lebewohl
sagt und den Roadtrip an der Grenze zu
Guatemala beendet.

Immer noch Lust auf die Route 66?

Wenn du dich immer noch nach diesem
Stück Amerika sehnst, solltst du dich
darauf gefasst machen, dass es sich nicht
mehr um eine vollständige Straße handelt,
sondern um einen Mischmasch aus alten
Streckenteilen und neuen Staatsstraßen.
Auf der Website von Historic 66 (www.
historic66.com) findet man viele Infos zur
heutigen Route 66 und zu Spuren der
einstigen Asphaltpracht.

So kommst du hin
Man startet entweder in
Nogales und fährt nach
Süden, oder man nimmt die
Route 200 an der Grenze
zu Guatemala und fährt die
Pazifikküste nach Norden
entlang, wo man in Tepic
auf die Route 15 trifft.

www.visitmexico.com

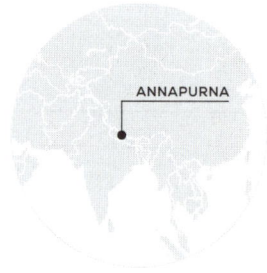

Eine unvergleichliche Himalaya-Tour führt zum Basislager des anspruchsvollsten Bergs der Welt – und es ist nicht der Everest. Die Wanderung durch das Annapurna-Gebirge ist ein beeindruckendes Abenteuer.

Alternative zum Everest Base Camp, Nepal

ANNAPURNA

Nepal

Der 130 Kilometer lange Trek zum Everest-Basislager ist der Traum vieler Wanderer. Man kann sich aber auch für den majestätischen Annapurna entscheiden. Unter den höchsten Gipfeln der Welt, diesem exklusiven Club von 14 Gipfeln, die über 8000 Meter hoch sind, ist keiner gefürchteter oder seltener bestiegen als der Annapurna. Tatsächlich wird er nur von so wenigen angegangen, dass schon ein Trekking zum Annapurna Sanctuary, der Gletscherschüssel, die als Basislager für Expeditionen dient, aufregend genug für diejenigen ist, die auf der Suche nach großen Höhen, atemberaubenden Bergblicken und einer ernsthaften Herausforderung sind.

Vom grünen Pokhara-Tal aus führt der Weg zum Basislager steil bergauf durch Rhododendronwälder mit Orchideen, Bambus und terrassenförmig angelegten Reisfeldern bis zu alpinen Weiden.

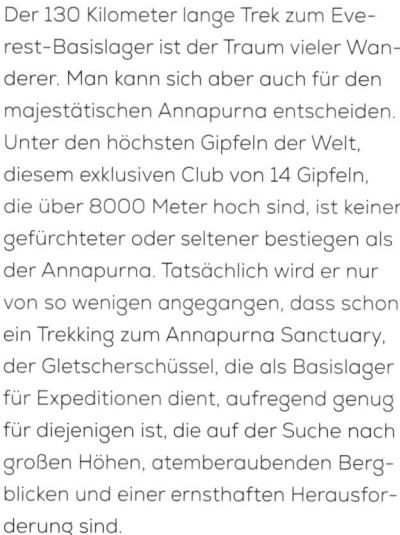

Unterwegs passiert man mehrere Dörfer, durchquert Schluchten und überquert Bäche auf wackeligen Hängebrücken. Nach dem Verlassen der Wälder und dem Eintritt in ein zerklüftetes Reich aus Eis und Schnee gibt die Nacht im ersten Lager einen Vorgeschmack auf das, was einen erwartet, wenn man unter dem schimmernden »Fischschwanz«-Gipfel des Machapuchare rastet, einem der dramatischsten Gipfel des Himalaya.

Am nächsten Tag erreichen Wanderer nach dem Aufstieg über einen schmalen Pass das Annapurna Sanctuary, ein Berg-Amphitheater in 4100 Meter Höhe, das von acht Gipfeln über 7000 Meter umgeben ist, darunter der Annapurna I, der tödlichste Berg der Welt (so genannt wegen seiner Sterblichkeitsrate unter Bergsteigern von etwa 40 Prozent). Hier ragen die umliegenden Berge so steil und hoch auf, dass das Sanctuary selbst im

Hochsommer nur sieben Stunden Sonnenlicht pro Tag erhält. Für die Dorfbewohner ist es heilig, sie betrachten es als Sitz der Götter. Nach der anstrengenden Wanderung und angesichts der spektakulären Landschaft kommst du vielleicht zur selben Erkenntnis.

Immer noch Lust auf das Everest Base Camp?

Zwischen März und Mai ist am wenigsten los. Auch die Route von Jiri aus wird von weniger Menschen begangen.

Von oben links im Uhrzeigersinn
Trekking durch das Modi-Khola-Tal zum Annapurna Sanctuary; Sherpas rasten im von Berggipfeln umgebenen Sanctuary; verschneites Annapurna Base Camp im Winter

So kommst du hin
Von Kathmandu fliegt man nach Pokhara. Von Dörfern in der Nähe starten Wanderungen zum Annapurna Base Camp.

www.ntb.gov.np

MOUNT
STANLEY

Wer den Mount Stanley – Afrikas dritthöchsten Gipfel – besteigt, dem wird eine atemberaubende Vielfalt an Flora, Fauna und Terrain geboten, mit der Afrikas berühmterer Riese, der Kilimandscharo, nicht mithalten kann.

Alternative zum Kilimandscharo, Tansania

MOUNT STANLEY

Uganda

Den sagenumwobenen und anspruchsvollen Kilimandscharo – den höchsten Berg Afrikas – bestiegen zu haben, ist sicherlich etwas, dessen man sich rühmen kann. Aber was wäre, wenn es bei der Reise nicht darum ginge, einen Gipfel zu bezwingen, sondern einfach die unendliche Faszination der natürlichen Vielfalt Afrikas zu genießen? Während der Kilimandscharo in aller Munde ist, bietet der Mount Stanley die gleiche Majestät wie sein berühmterer Rivale, dazu aber mehr Wildtiere und ruhigere Wege.

Der Mount Stanley ist der höchste von sechs schneebedeckten Berggipfeln, die das zwischen Uganda und der Demokratischen Republik Kongo gelegene Ruwenzori-Gebirge bilden. Von den zehn Gipfeln des Mount Stanley ist der Margherita Peak mit 5109 Metern der höchste. Und seine Besteigung ist hart – sogar härter

als die des Kilimandscharo. Das von tief eingeschnittenen Schluchten, Flüssen und Tobeln durchzogene Terrain ist eine tägliche Herausforderung. Außerdem regnet es häufiger, die Sicht ist schlechter, und es gibt einige ziemlich heikle Flussdurchquerungen und knietiefen Schlamm. Alles in allem ist es deshalb ratsam, einen Führer zu engagieren.

Die Belohnung für die Mühen ist jedoch spektakulär. Die Wanderung zum Gipfel beginnt in Nyakalengija und führt durch die Plantagen und Häuser der Bakonjo. Auf schmalen, sumpfigen Pfaden durchquert man überwuchertes tropisches Grasland, während in der Ferne Wolken über den zerklüfteten grauen Gipfeln hängen.

Mit das Frappierendste an tropischen Bergen ist die außergewöhnliche Artenvielfalt, die an ihren Hängen zu finden ist.

▸

Wolken ziehen über die zerklüfteten Gipfel des Mount Stanley im Ruwenzori-Gebirge

Die schiere Vielfalt der Tierwelt am Mount Stanley ist großartig und weitaus größer als am Kilimandscharo, wo man nur selten etwas zu sehen bekommt. Auf der Wanderung durch Elefantengras kann man etwa 70 Säugetierarten beobachten, vom Waldelefanten bis zu Östlichen Vollbartmeerkatzen. Sobald man das erste Camp in Nyabitabe erreicht hat, wird man vom Zirpen der Zikaden in den Schlaf gewiegt – eine wunderbare Art, den ersten Tag zu beenden.

Im Lauf der nächsten Tage entfaltet sich die Landschaft und offenbart eine Fülle von Ökosystemen. Vom Grasland aus verschwindet der Weg fast im dichten Wald, in dem einem unablässig Blätter und moosbedeckte Bäume ins Gesicht flattern. Doch der Blick auf die Berge ist Ansporn genug weiterzugehen, ebenso wie das Rauschen der Flüsse Mubuku und Bujuku, die zu einem erfrischenden Bad einladen.

Von links Eine Östliche Voll-
bartmeerkatze; eine hoch
aufragende Riesenlobelie;
Annäherung an den schnee-
bedeckten Margherita Peak

Plötzlich öffnet sich die dichte Waldlandschaft zu weiten, flachen Ebenen. Die ergiebigen Niederschläge in den Bergen lassen seltsame Pflanzen wachsen, darunter riesige Lobelien, die eher wie Miniaturbäume als Bodendecker aussehen. Holzstege überqueren den Bujuku-Fluss und führen zum Bigo-Moor, dem letzten Abschnitt der Wanderung.

Um den sechsten Tag herum beginnt der steile Aufstieg zur Elena-Hütte auf 4470 Meter Höhe, wo man eine letzte Nacht verbringt, bevor es zum Gipfel geht. Die Vegetation an den kahlen, zerklüfteten Bergwänden verändert sich langsam, je höher man kommt, und gibt den Blick frei auf die afroalpine Vegetation.

Der letzte Aufstieg zur Margherita-Spitze ist hart. Mit entsprechender Klei-

GUNUNG KINABALU
Malaysia

Der Dschungel von Borneo, in dem die Besteigung des Bergs (4095 m) beginnt, ist einer der Orte mit der größten Artenvielfalt der Welt. Es gibt keine außergewöhnlicheren Pflanzen als die, die den dreitägigen Weg hierher säumen.

MAUNA LOA
USA

Der Mauna Loa auf Hawaii erhebt sich über 9000 Meter vom Meeresboden und ist der größte aktive Vulkan der Welt. Auf der Route gibt es zwar keine Pflanzen und Tiere, aber die surrealen Felsformationen bieten eine faszinierende Kulisse.

NEVADO COPA
Südamerika

Die Cordillera Blanca in Peru ist das höchste tropische Gebirge der Welt und umfasst 27 Gipfel, die höher sind als der Kilimandscharo. Der Nevado Copa (6188 m) ist der am besten zugängliche Gipfel und kann sogar mit Skiern befahren werden.

dung, Handschuhen und Sturmhauben, sowie mit Steigeisen und Pickeln überquert man den Elena-Gletscher, bevor man den letzten Vorstoß Richtung Gipfel wagt und dabei gegen den starken Wind kämpfen muss. Doch es lohnt sich: Auf dem Gipfel, wo die überwältigende Aussicht so unberührt und voller Leben ist, ist es fast unmöglich, sich den Abstieg zurück auf die Erde vorzustellen.

Immer noch Lust auf den Kilimandscharo?

Es gibt viele Routen zum Gipfel. Die beliebteste (und überlaufene) ist die Machame-Route. Die Western-Breach-Route dauert zwar länger, auf ihr sind aber wesentlich weniger Wanderer unterwegs.

So kommst du hin
Vom Flughafen Entebbe fährt man nach Kasese und arrangiert eine Wanderung in den Ruwenzori-National-park, die auch eine Besteigung des Mount Stanley beinhaltet.

GRÖNLAND

Grönland ist voll von glitzernden Gletschern, herrlichen Berglandschaften und verspielten Meeresbewohnern. In dieser rauen Wildnis ist man genauso allein wie in der Antarktis – sie ist nur viel einfacher zu erreichen.

Alternative zur Antarktis

GRÖNLAND

Dänemark

Prächtige Gletscher, spektakuläre Fjorde, perlmuttfarbene Eisberge in Form von Torbogen und Kathedralentürmen. Wir sind zwar nicht in der Antarktis, aber dennoch am Ende der Welt, genauer gesagt am anderen Ende. Grönland besteht zu mehr als 80 Prozent aus Eis und ist nur spärlich besiedelt. Aber im Gegensatz zur Antarktis, die eine 48-stündige Seereise vom argentinischen Ushuaia oder einen holprigen Flug erfordert, ist Grönland in viereinhalb Stunden mit dem Flugzeug von Kopenhagen aus zu erreichen.

Am besten erkundet man dieses frostige Reich auf einer Kreuzfahrt, da es vielerorts nur wenige Straßen gibt. Von der Küstenstadt Sisimiut aus kann man Seehunde und Zwergwale beobachten, die sich vor der Küste tummeln. In der Stadt Ilulissat glitzert ein gezeitenabhängiger

Eisfjord. Weiter nördlich liegt die archäologischen Stätte Qilakitsoq mit Überresten der Inuit. In der Nähe von Eqip Sermia, einem aktiven Gletscher, wird man Zeuge, wie herabfallende Eisbrocken ein gewaltiges Platschen erzeugen, wenn sie ins tintenblaue Wasser stürzen – ein Erlebnis, das man nie vergisst.

Immer noch Lust auf die Antarktis?

Im Dezember und Januar (dem Hochsommer in der Antarktis) ist es am teuersten. Noch mehr Geld spart man, wenn man sich für ein Schiff mit Mehrbettkabinen und Gemeinschaftseinrichtungen entscheidet.

So kommst du hin
Von Kopenhagen fliegt man nach Kangerlussuaq in Grönland und von dort nach Sisimiut.

www.visitgreenland.com

Vorbei am massiven Eqip-Gletscher, einem der aktivsten Grönlands

Mit hohen Klippen, einsamen Stränden und faszinierenden antiken Monumenten übertrifft Irlands Wild Atlantic Way die Great Ocean Road in Australien. Wer wilde, geschichtsträchtige Landschaften sucht, ist hier genau richtig.

Alternative zur Great Ocean Road, Australien

WILD ATLANTIC WAY

Irland

Die zerklüfteten Klippen der Halbinsel Iveragh im County Kerry sind ein Höhepunkt des Wild Atlantic Way

Von der Hafenstadt Kinsale im Süden bis zur Halbinsel Inishowen im Norden schlängelt sich der Wild Atlantic Way entlang der gesamten irischen Westküste. Die Strecke ist mit einer Länge von 2500 Kilometern zehnmal so lang wie die Great Ocean Road in Australien, weist aber kaum Anzeichen der Überlastung durch die sechs Millionen Besucher auf, die jedes Jahr die Südküste Victorias bereisen.

Während die Great Ocean Road in den 1920er Jahren gebaut wurde, entwickelte sich der Wild Atlantic Way organisch über Jahrhunderte. Außerdem führt die Küstenstraße zu einigen der größten Naturwundern Irlands. Im Süden bietet die Iveragh-Halbinsel weiße Sandstrände und zerklüftete Küstenabschnitte. Auf der Fahrt durch Galway fällt der Blick auf die Bergkette der Twelve Bens, kegelförmige Gipfel, die in üppig grüne Täler abfallen. Fährt man durch County Mayo, sieht man Hunderte von Inseln in den indigoblauen Gewässern der Clew Bay. Ganz im Norden, in Donegal, verspricht der Glenveagh National Park noch mehr natürliche Schönheit.

Und das ist noch nicht alles. An der Route liegen auch jahrtausendealte historische Sehenswürdigkeiten. Im Burren Park (County Clare) steht ein 6000 Jahre altes Portalgrab auf einem riesigen Kalksteinbett, während auf Achill Island im County Mayo ein seit den 1840er Jahren

Dunguaire Castle aus dem 16. Jahrhundert am Ufer der Galway Bay

Trekking im nordthailändischen Chiang Mai steht bei vielen Wanderern ganz oben auf der To-do-Liste, aber wie wäre es stattdessen mit einem Abenteuer im Königreich Bhutan?

Alternative zu Chiang Mai, Thailand

TREKKING
IN BHUTAN

Bhutan

Bhutan liegt am Südhang des östlichen Himalaya mit Tibet im Norden und Indien im Süden und ist ein Traum für jeden Trekker. Die Wanderwege führen zu den Gipfeln des Himalaya, hochalpinen Hängen, scheinbar endlosen Wäldern und fruchtbaren Tälern. Da der Tourismus begrenzt und unabhängiges Reisen nicht erlaubt ist, müssen Besucher vor Anreise einen Führer buchen. Aber die Planung lohnt sich: Auf der Wanderung verbringt man Zeit in abgelegenen Dörfern, besichtigt mittelalterliche Klosterburgen *(dzongs)* in den Bergen und steigt in Höhenlagen auf, in denen halbnomadische Yak-Hirten umherziehen. Abwechslungsreich, dramatisch und definitiv eine Reise für die Liste.

verlassenes »Hungerdorf« von einem einsamen Hügel aus über den Ozean wacht. Im Dorf Kinvara in Galway thront eine mittelalterliche Burg in einer winzigen Bucht der Galway Bay.

Immer noch Lust auf die Great Ocean Road?
Besucher können den Weg ins Landesinnere abkürzen, aber am besten vermeidet man den Stoßverkehr, indem man wandert. Der Great Ocean Walk ist ein 110 Kilometer langer Wanderweg durch eine herrliche Landschaft von Apollo Bay zu den Zwölf Aposteln.

So kommst du hin
Vom Flughafen Cork kommt man nach Kinsale am südlichen Ausgangspunkt. Der Flughafen Shannon liegt auf halber Strecke der Route.

www.thewildatlanticway.com

Immer noch Lust auf Chiang Mai?
Den besten Einblick in die verschiedenen Kulturen der Region erhält man bei einer Wanderung, die durch mehrere Dörfer führt.

So kommst du hin
Die nationale Fluggesellschaft Drukair fliegt nach Paro.

www.tourism.gov.bt

Der Nil ist vielleicht der erste Anlaufpunkt für eine Kreuzfahrt, der Nassersee hat aber ebenso viel zu bieten. Der riesige Stausee ist von einer wunderschönen Landschaft und einigen der erstaunlichsten Monumenten Ägyptens umgeben.

Alternative zur *Fahrt auf dem Nil, Ägypten*

FAHRT AUF DEM NASSERSEE

Ägypten

Seit Jahrhunderten befahren Reisende den Nil (und schreiben darüber). Allerdings ist eine Kreuzfahrt oft mit zusätzlichen Busfahrten verbunden, um einige der Sehenswürdigkeiten von Luxor zu sehen. Wie wäre es, wenn man sich diese Fahrten sparen könnte? Am Nassersee kann man die Sehenswürdigkeiten vom Boot aus sehen, oder sie sind nur einen kurzen Spaziergang vom Ufer entfernt.

Der Nassersee ist einer der größten künstlichen Seen der Welt und entstand, als in den 1960er Jahren der Assuan-Staudamm gebaut wurde, um das Wasser des Nils zu regulieren. Er liegt in einer der abgelegensten Regionen Ägyptens, sodass es hier keine Flotten von Touristenschiffen gibt – nur eine Handvoll Fischerboote und gelegentlich ein kleines

Kreuzfahrtschiff oder eine hölzerne Feluke gleiten über das Wasser.

Honigfarbene Sanddünen erstrecken sich kilometerweit entlang des Seeufers und reichen in der einen Richtung bis zur ägyptischen Western Desert und im Süden bis zum Sudan. In der Nähe des Sees bewirtschaften Beduinen das Land und versorgen ihre Tiere, während Dattelpalmen und Lehmziegelhäuser das Gebiet prägen. Es ist eine unscheinbare Landschaft – bis man die altägyptischen Monumente sieht.

Die beiden prächtigen Tempel von Abu Simbel sind das Highlight. Der große Tempel von Abu Simbel mit vier kolossalen Pharaonenstatuen am Eingang wurde zu Ehren des Pharaos Ramses II. erbaut; der kleinere Tempel im Norden wurde für seine

Ein kleines Boot auf dem ruhigen Nassersee auf dem Weg zu den Tempeln

Frau Nefertari errichtet. Diese erstaunlichen Tempel stammen aus dem 13. Jahrhundert v. Chr. und wurden einst in die Felsen entlang des Nils gehauen. Als der Assuan-Staudamm gebaut wurde, griff die UNESCO ein, um die Tempel zu schützen, indem sie sie aus den Felsen herausschälte und auf höher gelegenes Gelände verlegte.

Doch nicht alle historischen Schätze konnten gerettet werden. Im blauen Wasser – das im Vergleich zum verschlammten Wasser des Nils verblüffend klar ist – liegt eine unbekannte Anzahl von Denkmälern alter Zivilisationen begraben.

Immer noch Lust auf den Nil?

Will man trotzdem auf dem Nil nach Luxor, sollte man sich einer kleinen Reisegruppe anschließen. Weniger Mitglieder bedeuten mehr Flexibilität und eine anpassungsfähige Reiseroute, mit der man Menschenmassen umgehen kann.

Von oben links im Uhrzeigersinn
Die beeindruckenden Ruinen des Tempels von Philae auf der Insel Agilkia im Nassersee; die berühmteste Sehenswürdigkeit des Sees – der große Tempel von Abu Simbel; ein Spaziergang durch den großen Tempel

So kommst du hin
Entweder man fliegt mit EgyptAir nach Assuan am nördlichen Rand des Nassersees oder nimmt den Zug von Kairo oder Luxor aus.

www.egypt.travel

ROVOS RAIL

Rovos Rail, auch als »The Pride of Africa« bezeichnet, bietet eine einmalige Reise. Wie der Orient-Express fangen die Züge den Zauber des Jazz-Zeitalters ein, aber die wilden afrikanischen Landschaften machen die Fahrt um ein Vielfaches interessanter.

Alternative zum *Orient-Express, Europa*

ROVOS RAIL

Afrika

Auf alten Eisenbahnschienen, die quer durch Afrika führen, tuckern die holzgetäfelten Waggons von Rovos Rail mit maximal 96 km/h dahin. Aus dem Schornstein steigen graue Dampfschwaden auf, und vor den Fenstern entfaltet sich eine wunderbare Landschaft, während die Gäste inmitten der Einrichtung im Agatha-Christie-Stil einen Champagner-Cocktail schlürfen – eine nostalgische Rückkehr zu den Luxuszugreisen des frühen 20. Jahrhunderts.

Der Autoteilehändler Rohan Vos gründete Rovos Rail im Jahr 1989. Inspiriert von seiner Leidenschaft für Züge und der Arbeit der Railway Preservation Society in Witbank, wo Rohan sein Geschäft für Autoersatzteile betrieb, beschloss er, alte Zugwaggons zu kaufen, die den afrikanischen Kontinent durchqueren sollten.

Wie sein ikonisches Gegenstück, der Orient-Express, verströmt Rovos Rail genussvollen Glamour: dekadente Mahlzeiten, erlesene Weine und mit weißem Leinen gedeckte Tische in Zugwaggons, die den Geist der wilden 1920er Jahre heraufbeschwören. An Bord gibt es kein Fernsehen, Radio oder WLAN. Stattdessen sorgen die sich ständig verändernden Landschaften – weite Savannen und majestätische Wüsten, zerklüftete Berge und bewaldete Meereslandschaften – für Unterhaltung. Auf einigen Reisen, die je nach Route zwischen 48 Stunden und 15 Tagen dauern, werden die Gäste von Historikern mit faszinierenden Erzählungen über die Geschichte Afrikas unterhalten.

Vom Balkon des Aussichtswagens sieht man Springböcke

Ein Zug von Rovos Rail fährt durch das Highveld-Grasland in Südafrika

Die Auswahl an Fahrten ist groß. Eine der beeindruckendsten Routen führt in vier Tagen durch zerklüftete Ebenen und Steilhänge von Tshwane (Pretoria) zu den Victoriafällen. Höhepunkt ist ein Zwischenstopp in den goldenen Savannen des riesigen Hwange National Park in Simbabwe. Die Big Five (Elefanten, Büffel, Löwen, Leoparden und Nashörner) sind hier zu Hause. Die Reise endet in der Nähe des größten Wasserfalls der Welt, der in der Region treffend als Mosi oa Tunya, »der donnernde Rauch«, bezeichnet wird.

Egal, welche Route man wählt, man wird garantiert einige der schönsten Landschaften und Wildtiere Afrikas sehen.

Immer noch Lust auf den Orient-Express?

Die klassischen Routen London – Venedig und Paris – Istanbul sind natürlich sehr romantisch, aber es gibt auch andere Möglichkeiten wie Venedig – Budapest oder Wien – London.

So kommst du hin
Die meisten Fahrten starten in Kapstadt, Durban oder am privaten Bahnhof von Rovos Rail in Tshwane (Pretoria), Südafrika.

www.rovos.com

AUCH SEHENSWERT

THE CANADIAN
Kanada

Der kultige Zug, der aus Edelstahlwaggons aus den 1950ern besteht, verbindet die Ost- und Westküste Kanadas. Auf der Fahrt zwischen Toronto und Vancouver passiert er Prärien, Seen, Berge und Städte.

THE GHAN
Australien

Von Darwin im Norden bis Adelaide im Süden führt der Ghan durch die Landschaften und Städte des australischen Outbacks – und das mit einer gehörigen Portion Luxus.

Die Amalfiküste ist zwar schön, aber überlaufen. Ein Roadtrip an Korsikas Nordwest-Küste entlang ist mit rosafarbenen und feuerroten Klippen sowie türkisfarbenen Buchten wesentlich interessanter.

Alternative zur *Amalfiküste, Italien*

KORSIKAS NORDWEST-KÜSTE

Frankreich

Auf der schwindelerregenden D81, die die Inselhauptstadt Ajaccio mit Calvi verbindet, bieten sich atemberaubende Panoramen, die einen sprachlos machen. Während die berühmte, aber stark befahrene Amalfiküste hübsche, pastellfarbene Städte bietet, zeigt dieser kurvenreiche Abschnitt (150 km) der Nordwest-Küste Korsikas die wildere Seite Europas, die sich zwischen einer Reihe erstaunlicher Felsformationen hindurchzwängt und viele atemberaubende Ausblicke auf das Meer bietet. Es ist auch eine wilde Fahrt: Zahllose Zickzackkurven entlang der Strecke lassen 50 km/h wie ein Formel-1-Rennen erscheinen.

Von der Küstenstadt Ajaccio, dem Geburtsort von Napoléon Bonaparte, führt die D81 zunächst sanft in Richtung Norden. Nach etwa 50 Kilometern erreicht man Cargèse, eine Gegend, die Ende des 17. Jahrhunderts von griechischen Einwanderern besiedelt wurde. Ihre Anwesenheit erklärt, warum das Dorf nicht nur eine, sondern zwei Kirchen besitzt: eine römisch-katholische und eine griechisch-katholische. Auf der Weiterfahrt gen Norden ändert sich die Straßenführung. Der Weiler Piana markiert den Beginn der Calanche, einer zehn Kilometer langen Strecke mit Felsspitzen und senkrechten Steilwänden, die sich von den Klippen erheben und die Autobahn überragen – ihre rosafarbenen Töne stehen in atemberaubendem Kontrast zu den Blautönen des Mittelmeers. Direkt an der Straße beginnen Wanderwege, die alternative Blickwinkel auf die Felsentürme bieten.

▶

Das tiefblaue Wasser der Bucht von Porto, umgeben von atemberaubenden Felsen

Oben Blick von Porto
aufs Mittelmeer
Rechts Der malerische
Ponte Vecchiu, eine genue-
sische Brücke bei Galéria

*Der geschäftige Hafen von
Calvi, der größten Stadt an
der Nordwest-Küste Korsikas,
ist die letzte Station auf
der Fahrt auf der D81*

Wieder unten am Meer erreicht man kurz darauf die Stadt Porto, deren Hafen von einem quadratischen genuesischen Turm aus dem Jahr 1500 bewacht wird. Hier kann man gut übernachten, es gibt günstige Hotels und Restaurants sowie eine Reihe von Aktivitäten. Mehrere Bootsverleiher bieten Ausflüge in das nahe gelegene Naturschutzgebiet Scandola an, ein UNESCO-Weltnaturerbe mit zerklüfteten Klippen und Höhlen, die nur vom Wasser aus zu sehen sind. Alternativ kann man einige Kilometer landeinwärts von Porto den ehemaligen Maultierpfad durch die Gorges de Spelunca nehmen, der dem Fluss Spelunca folgt, der sich auf seinem Weg zum Meer um Felsen schlängelt und natürliche Becken füllt. Hunger? Mach eine Pause für ein malerisches Picknick am Pont de Zaglia, einer genuesischen Bogenbrücke, die den Fluss seit über zwei Jahrhunderten überspannt.

Eine kurze Fahrt in Richtung Norden – mit aufregenden Serpentinen – führt zum Dorf Galéria. Hier gibt es einige

Highlights, die einen weiteren Stopp rechtfertigen: das kristallklare Wasser des Flusses Fango, das Biosphärenreservat mit uralten Steineichen oder die elegante Genueser Brücke Ponte Vecchiu.

Wenn man sich an den Naturwundern sattgesehen hat, ruft eine weitere Stadt. Calvi, das größte städtische Zentrum an der Nordwest-Küste, ist die letzte Etappe. Hier schlängelt sich die D81 über Hänge, die mit duftenden Macchia-Sträuchern bewachsen sind, und gibt unterwegs immer wieder den Blick aufs Meer frei. Schließlich führt die Straße in den Hafen von Calvi, der an einer halbmondförmigen Bucht liegt und von einer massiven Zitadelle aus dem 15. Jahrhundert beherrscht wird. Der weitläufige Strand (viel länger als jeder an der Amalfiküste) ist ein groß-

artiger Ort, um zu faulenzen, ein Kajak zu mieten, zu surfen, zu tauchen oder zu schnorcheln. Zugfans können mit der Eisenbahn Chemins de Fer de la Corse zurück nach Ajaccio fahren (5 Stunden). Die Strecke führt durch das Flachland und die Hügel der Balagne, bevor sie in die dichten Wälder und die imposanten Berge des korsischen Hinterlands abbiegt. Eine epische Zugfahrt nach einem epischen Roadtrip – was will man mehr?

Immer noch Lust auf die Amalfiküste?

Im Frühling sind weniger Reisebusse unterwegs, und das Meer ist warm genug zum Baden.

So kommst du hin
Man fliegt nach Ajaccio und mietet dort ein Auto. Entweder man kehrt nach Ajaccio zurück oder fliegt von Calvi aus nach Hause. Fähren von Frankreich aus sind ebenfalls eine Option.

www.visit-corsica.com

B9
Mauritius

Die spektakuläre B9 auf Mauritius führt um die Südwest-Küste der Insel herum – direkt am Indischen Ozean. Grandiose Ausblicke und unberührte Strände erwarten die Fahrer, die sich in diesen weniger bekannten Teil des Landes wagen.

GRANDE CORNICHE
Frankreich

Die Grande Corniche, die sich an die steilen Hänge der Côte d'Azur schmiegt und Nizza mit Menton verbindet, bietet einen unübertroffenen Blick auf das dramatische Zusammentreffen von Land, Meer und schicken französischen Badeorten.

APULIEN
Italien

Der entspannte Ausflug um Italiens Ferse verspricht malerische Städte, darunter Alberobello, versteckte Buchten und eine weit weniger stressige Fahrt als die kurvenreiche Strecke von Amalfi. Italienischer Roadtrip: erledigt!

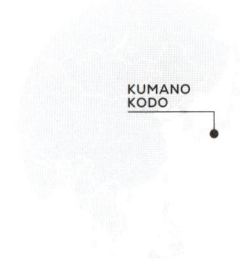

Als einer von nur zwei Pilgerwegen (der andere ist der Jakobsweg), die von der UNESCO zum Weltkulturerbe erklärt wurden, schlängelt sich der Kumano Kodo durch die ruhigen Wälder Japans.

Perfekter Blick auf den Kumano-Nachi-Taisha-Schrein mit dem Nachi-Wasserfall im Hintergrund

Alternative zum
Camino de Santiago, Spanien

KUMANO KODO

Japan

2004, fast 20 Jahre nachdem die UNESCO den Jakobsweg zum Weltkulturerbe erklärt hatte, wurden auch die Pilgerrouten Kumano Kodo von der UNESCO anerkannt. Das Kumano-Kodo-Netz führt Pilger seit mehr als 1000 Jahren zu den drei Großschreinen von Kumano Sanzan.

Die heiligen Pfade verlaufen über die Halbinsel Kii von Honshu, ein Gebiet, das auch als »Land der Götter« bekannt ist (nach dem Shinto-Glauben wohnen hier in jedem Baum, Fluss und Wasserfall Götter). Eine Reise auf einem der Pfade gilt traditionell als Weg zur spirituellen Wiedergeburt. Im Gegensatz zur berühmten spanischen Route, auf der man Radfahrern ausweichen und versuchen muss, Wandergruppen zu überholen, bieten die Kumano-Kodo-Pfade eine weitgehend menschenleere Möglichkeit, die japanische Kultur zu erleben. Auf der am meisten begangenen Route, der 68 Kilometer langen Nakahechi, schlängeln sich Wege durch die Berge, vorbei an winzigen Dörfern und *ryokan* (Gästehäusern). Obwohl es sich um den beliebtesten Weg handelt, ist diese bewaldete Strecke, die von Sonnenlicht durchflutet und von Wasserfällen umgeben ist, wunderbar ruhig.

Zu den anderen Wegen gehört der weitaus anstrengendere Kohechi-Pfad, der an den historischen Tempeln des Bergs Koya beginnt. Die Tempelunterkünfte bieten eine intensive Begegnung mit dem buddhistischen Japan: Besucher können sich an den veganen *Shojin-ryori-*

In traditioneller Kleidung über die alten Kopfsteinpflasterwege des Kumano Kodo

KINTYRE 66

Alternative zur
North Coast 500, Großbritannien

KINTYRE 66
Großbritannien

Mahlzeiten satt essen und die Mönche bei ihren Morgenritualen begleiten.

Alle sieben Routen enden an den Großschreinen von Kumano Sanzan. Zwar ist jeder Schrein für sich schon beeindruckend, doch der Kumano Nachi Taisha, eine zinnoberrote Pagode vor dem Hintergrund der tosenden Nachi-Wasserfälle, ist das Juwel in der Krone von Kumano Kodo.

Immer noch Lust auf den Camino de Santiago?
Der Caminho Português von Lissabon nach Santiago de Compostela ist weniger überlaufen als der Camino Francés und verfügt über eine gute Infrastruktur.

So kommst du hin
Vom Flughafen Nanki-Shira-hama fahren Busse und Züge zu den Wanderwegen.

www.tb-kumano.jp/en

Sicher, die North Coast 500 bietet herrliche Landschaften, aber man braucht fast eine Woche, um ihr gerecht zu werden, während die Kintyre 66 in einem halben Tag bewältigt werden kann. Aber wozu die Eile? Bei dem 106 Kilometer langen Roadtrip um Schottlands südwestlichste Halbinsel geht es vor allem darum, das Leben vor Ort zu genießen.

Häfen und Fischerdörfer, die superfrische Meeresfrüchte servieren, laden zu Zwischenstopps ein. Das Gleiche gilt für die zahlreichen Whisky-Destillerien und die Strände. Die Höhlen bei Keil sowie Saddell und Skipness Castle sind ebenfalls beeindruckende Ergänzungen der herrlichen Landschaft – obwohl es kaum schönere Aussichten gibt als den Sonnenuntergang über den Inseln Islay und Jura.

Immer noch Lust auf die NC500?
Die North Coast 500, die in Inverness beginnt und endet, ist im Sommer besonders stark frequentiert, Frühjahr oder Herbst sind bessere Termine.

So kommst du hin
Etwa drei Autostunden von Glasgow entfernt führt die Kintyre 66 in einer Schleife von Kennacraig nach Campbeltown – beide haben Fährterminals.

MONTENEGROS
INSELN

Sie sind vielleicht nicht so bekannt wie ihre griechischen Pendants, aber auch die Inseln Montenegros bieten Sandstrände, spektakuläre Natur, Mythen und Geschichte. Und das alles mit weniger Menschen und zu einem Bruchteil der Kosten.

Alternative zu den *griechischen Inseln, Griechenland*

MONTENEGROS
INSELN

Montenegro

Keine Zeit für eine griechische Odyssee? Versuch es stattdessen mit Montenegros Inseln, die dicht beieinanderliegen und nicht weniger atemberaubend sind. Die meisten liegen in der Bucht von Kotor, andere säumen den Rand der Adria, nur eine kurze Bootsfahrt vom Ufer entfernt – von üppig bewaldeten Eilanden, die von herrlichen Sandstränden gesäumt sind, bis hin zu von Menschen aufgeschichteten Felsen, auf denen eine Kirche steht.

An der Südspitze Dalmatiens ist die Bucht von Kotor eine der größten Attraktionen Montenegros. Und das ist auch kein Wunder. Die Bucht besteht aus Meeresarmen, die durch schmale Passagen miteinander verbunden sind, und ist von malerischen Dörfern gesäumt, die von den herrlich grünen Dinarischen Alpen überragt werden. In der Bucht selbst liegen einige der schönsten Inseln des Landes. Die meisten von ihnen sind natürlich, aber der Titel der berühmtesten

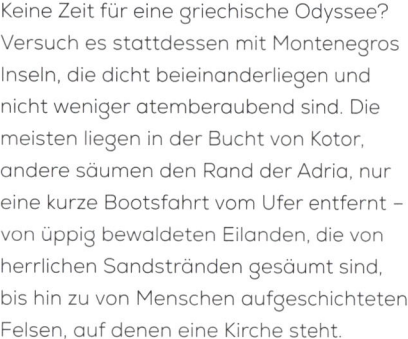

geht an eine künstliche Insel, Gospa od Škrpjela (Maria vom Felsen). Der Legende nach sollen Seeleute 1452 auf einem Felsen im Meer eine Ikone der Madonna mit Kind gefunden haben. Um ihr eine Kirche zu bauen, fügten sie Steine und alte gesunkene Schiffen zusammen, bis eine Insel entstand – das dauerte mehr oder weniger 180 Jahren.

Rund 400 Jahre später ist die Kirche eine der bekanntesten Attraktionen Montenegros. Boote bringen Besucher von Perast in fünf bis zehn Minuten zum Inselhafen. Von dort sind es nur ein paar Schritte zur hübschen Steinkirche. Im Inneren sind Barockgemälde und ein Wandteppich, der mit Gold- und Silberfäden bestickt ist.

Gospa od Škrpjela ist bei Weitem nicht die einzige Kirche auf einer Insel. Man kann Sveti Đorđe (St. Georg) erkunden, eine natürliche Insel, auf der sich ein malerisches Kloster aus dem 12. Jahrhundert und ein

Die wunderschöne Bucht von Kotor, umgeben von bewaldeten Bergen und der mittelalterlichen Stadt Kotor

Links Die künstliche Insel Gospa od Škrpjela mit alter Kirche
Oben Eingang zur kleinen Kirche auf Gospa od Škrpjela

Oben *Kitesurfer vor Ada Bojana*
Rechts *Der Strand von Sveti Stefan, ideal zum Baden*

Friedhof befinden. Auch die Blumeninsel Ostrvo Cvijeća ist durch einen schmalen Landstreifen mit dem Festland verbunden und beherbergt eine Abtei aus dem 13. Jahrhundert. Nicht zu vergessen die winzige Gospa od Milosti, auf der sich ein spektakuläres Franziskanerkloster aus dem 15. Jahrhundert befindet.

Aber es geht nicht nur um Gotteshäuser. Auf Sveti Marko, der größten Insel, gibt es keine Kirchen – und auch sonst nichts von Menschenhand Geschaffenes. Sie ist vollständig von Grün umgeben und wird von schönen Stränden eingerahmt. Die meisten Touristen haben sie nicht auf dem Schirm, aber die Bootseigner in Tivat lassen sich vielleicht überreden, dich gegen eine geringe Gebühr dorthin zu bringen.

Neben der Bucht von Kotor verfügt Montenegro über eine Vielzahl von Inseln, die entlang der Adriaküste verteilt sind. Zwei davon liegen so nahe am Festland, dass man nicht mal ein Boot chartern muss. Sveti Stefan ist durch einen schmalen Dünenstreifen mit dem Festland

verbunden. Während der größte Teil der Insel von einem Resort eingenommen wird, ist der Strand auf der linken Seite frei zugänglich und lädt mit seinem türkisfarbenen Wasser zum Schwimmen und Schnorcheln ein. Ada Bojana befindet sich im äußersten Süden des Landes. Die durch ein Flussdelta des Bojana-Flusses entstandene Insel ist durch eine Brücke mit dem Festland verbunden. Mit ihrem langen, idyllischen Strand und dem subtropischen Klima ist sie ein idealer Ort für Schwimmer, Windsurfer und Kitesurfer.

Soll es weiter aufs Meer rausgehen? Dann sollte man die Insel Sveti Nikola ansteuern, Montenegros größte Insel in der Adria, die ein paar Kilometer von Budva entfernt liegt. Die Insel, die wie eine Haifischflosse aus dem Meer ragt,

hat steile Felsklippen – allerdings nur auf einer Seite. An der Nordspitze des Eilands befindet sich ein Sandstrand, während das dicht bewaldete Innere von Hirschen durchstreift wird. Mit einem Kajak kann man die Buchten und einen abgelegenen Strand am südlichen Ende erkunden.

Mit nur 88 Kilometern zwischen Gospa od Škrpjela im Westen und Ada Bojana im Osten kann man alle Inseln Montenegros an einem langen, gemütlichen Wochenende besuchen.

Immer noch Lust auf die griechischen Inseln?

Statt Kreta, Korfu und Rhodos locken weniger besuchte, aber ebenso reizvolle Inseln wie Sifnos, Tinos und Amorgos.

So kommst du hin
Flieg nach Podgorica in Montenegro oder nach Dubrovnik in Kroatien und fahre dann mit dem Bus nach Budva, einem guten Ausgangspunkt für Insel-Hopping.

www.visit-montenegro.com

STOCKHOLMER SCHÄRENGARTEN
Schweden
Outdoor-Fans haben bei den vielen Inseln östlich der schwedischen Hauptstadt die Qual der Wahl. Unsere Favoriten sind Grinda zum Schwimmen, Svartsö zum Radfahren und Sandön zum Kajakfahren.

FIJI-INSELN
Fiji
Fiji besteht aus Hunderten von Inseln und ist das ultimative Inselparadies. Egal, zu welcher Insel man segelt, es erwarten einen immer üppige Landschaften, goldene Strände und eine atemberaubende Unterwasserwelt.

ÄUSSERE HEBRIDEN
Großbritannien
Von den neolithischen Steinkreisen und malerischen Stränden in Lewis und Harris bis zu den hohen Klippen und schwirrenden Seevögeln von St Kilda – die westlichen Inseln Schottlands sind einzigartig. Dazwischen fahren regelmäßig Fähren.

Alternative zur Hagia Sophia, Türkei

Dom des Heiligen Sava, Serbien

Seite 102

Alternative zur Sagrada Família, Spanien

Catedral de Rio de Janeiro, Brasilien

Seite 104

Alternative zum Lotustempel, Indien

Templo Bahá'í, Chile

Seite 105

Alternative zu Notre-Dame de Paris, Frankreich

Notre-Dame d'Amiens, Frankreich

Seite 106

Alternative zur Golden Gate Bridge, USA

Ponte 25 de Abril, Portugal

Seite 108

Alternative zu Schloss Neuschwanstein, Deutschland

Schloss Lichtenstein, Deutschland

Seite 109

Alternative zum Sydney Opera House, Australien

Palau de les Arts Reina Sofía, Spanien

Seite 110

Alternative zum Petersdom, Vatikanstadt

Tilya-Kori-Madrasa, Usbekistan

Seite 114

Alternative zum Eiffelturm, Frankreich

ArcelorMittal Orbit, Großbritannien

Seite 116

Alternative zum Empire State Building, USA

Louisiana State Capitol, USA

Seite 117

Alternative zur Verbotenen Stadt, China

Fatehpur Sikri, Indien

Seite 118

Alternative zum Himmelstempel, China

Puning-Tempel, China

Seite 120

Alternative zum Taj Mahal, Indien

Humayuns Grab, Indien

Seite 122

Alternative zum Mount Rushmore, USA

Crazy Horse Memorial, USA

Seite 124

MEISTERWERKE
DER ARCHITEKTUR

Der Dom des Heiligen Sava in Belgrad ist mit seinem brillanten Kuppelmosaik und der Krypta ein Meisterwerk der religiösen Architektur und steht in Konkurrenz zur Hagia Sophia in Istanbul.

Alternative zur *Hagia Sophia, Türkei*

DOM DES HEILIGEN SAVA

Serbien

Mit seiner erstaunlichen Größe, dem kreuzförmigen Grundriss und der imposanten Kuppel ist es offensichtlich, dass der Dom des Heiligen Sava der Hagia Sophia in Istanbul nachempfunden wurde. Doch die außerhalb Serbiens wenig bekannte Kirche hat auch ihren ganz eigenen Charme, etwa ein kompliziertes Kuppelmosaik und eine prachtvolle Krypta.

Sie mag zwar nur die zweitgrößte orthodoxe Kirche sein, aber nur wenige andere Gotteshäuser dominieren ihre Stadt so wie der Dom, der über Belgrad thront. Egal, ob man an der Uferpromenade spazieren geht, die Belgrader Festung erklimmt oder auf dem Kalenić-Markt einkauft, man sieht immer die riesige Kuppel der Kirche, die über die Dächer der Stadt ragt – und eine wertvolle Orientierungshilfe bietet.

Wenn man sich etwas näher heranwagt, wird der Dom des Heiligen Sava nur noch beeindruckender. Die Kirche wurde

ab 1935 dort errichtet, wo die Überreste des Nationalheiligen Serbiens 1594 von den osmanischen Besatzern verbrannt wurden, und erhebt sich über den Vračar-Hügel im Herzen der Stadt. Die elegante Fassade mit vier symmetrischen Seiten wird von der riesigen Hauptkuppel mit einem vergoldeten Kreuz überragt.

Der riesige Innenraum der Kirche, der durch das durch die Kuppel einfallende Sonnenlicht erhellt wird, bietet Platz für 10 000 Gläubige. Im inneren Gewölbe der Kuppel befindet sich ein herrliches Mosaik, das die Himmelfahrt Christi darstellt. Ein Meisterwerk der orthodoxen Kunst, das mit seinen Millionen von Fliesen auch eine große technische Leistung darstellt.

Und obwohl der Blick immer wieder zur Kuppel geht, liegt der wahre Schatz doch unter den Füßen. Über eine Marmortreppe gelangt man in eine spektakuläre unterirdische Welt, die mit keinem anderen Teil der Kirche vergleichbar ist.

Die anmutige Marmorfassade der Kirche des Heiligen Sava im neobyzantinischen Stil

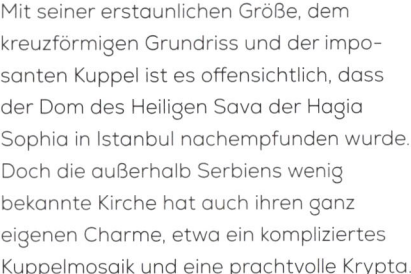

Mit ihrer schimmernden Golddecke, den überdimensionalen Kronleuchtern, den Mosaiken aus Muranoglas und den leuchtenden Fresken ist diese Krypta vielleicht die prachtvollste der Christenheit.

Trotz all dieser bemerkenswerten Merkmale ist der Dom noch immer nicht ganz fertig, wie die Gerüste im Inneren zeigen. Die Bauarbeiten sollen bis 2030 abgeschlossen sein. Aber auch so ist der Dom des Heiligen Sava in Belgrad ein absolutes Muss.

Immer noch Lust auf die Hagia Sophia?

Für die Erkundung der Hagia Sophia braucht man Zeit, also sollte man schon zur Eröffnung um 9 Uhr kommen. Sieh dir zuerst die Galerien im Obergeschoss an, und vielleicht hast du sogar eine Ecke (kurz) für dich allein.

Oben *Das goldene Innere der Krypta, verziert mit Mosaiken und Fresken*
Unten *Das prächtige Mosaik der Himmelfahrt Christi in der schimmernden Kuppel*

So kommst du hin
Eine Taxifahrt vom Belgrader Flughafen ins Stadtzentrum dauert etwa 30 Minuten.
www.hramsvetogsave.com

CATEDRAL DE
RIO DE JANEIRO

*Wie Gaudís Sagrada Família ist auch die Kathedrale
von Rio de Janeiro sehr unkonventionell. Aber im
Gegensatz zu Barcelonas unvollendetem Meisterwerk
kann man sie kostenlos besichtigen.*

Alternative zur Sagrada Família, Spanien

CATEDRAL DE RIO DE JANEIRO

Brasilien

Im Zentrum von Rio de Janeiro erhebt
sich eine riesige Pyramide. Dabei handelt
es sich aber nicht um ein Maya-Bauwerk,
sondern um die futuristische Kathedrale
der Stadt – eine Kirche, die ebenso
erstaunlich ist wie die Sagrada Família in
Barcelona. Die »Catedral Nova« wurde in
den 1960er Jahren von Edgar Fonseca
entworfen und ist ein Meisterwerk des
Modernismus.

Betritt man das Gotteshaus, taucht
man in ein Meer von leuchtenden Rot-,
Blau-, Gelb- und Grüntönen ein, die von
vier hohen Tafeln aus Buntglas ausstrah-
len. Es gibt nur geschwungene Linien.
Ähnlich wie Gaudís Werk ist die Kathedrale
nicht nur ein Muss für Gläubige, sondern
auch für Architekturfans.

*Die pyramidenförmige
Kathedrale von
Rio de Janeiro*

Immer noch Lust auf die Sagrada Família?

Nimm an einer Führung teil und besuche
die Kirche bei Sonnenuntergang, wenn
das goldene Licht auf die Glasmalereien
fällt und einen göttlichen Glanz erzeugt.

So kommst du hin
*Shuttlebusse fahren alle
30 Minuten vom Flughafen
Rio de Janeiro ins Stadt-
zentrum und brauchen
etwa eine Stunde.*

www.catedral.com.br

AUCH SEHENSWERT

HALLGRÍMSKIRKJA
Island
Die Kathedrale von Reykjavik
ähnelt einer Weltraumrakete,
die von vulkanischem Basalt
flankiert wird. Die Fertigstellung
dauerte 41 Jahre.

CARDBOARD CATHEDRAL
Neuseeland
Die Transitional Cathedral
von Christchurch besteht aus
Pappröhren (und etwas Holz,
Stahl und Glas). Das Design des
A-Rahmens verleiht ihr eine
ungewöhnliche Schönheit.

TEMPLO
BAHÁ'Í

Der Templo Bahá'í in Santiago und der Lotustempel in Delhi, die beide Blüten ähneln und Bahá'í-Gotteshäuser sind, haben zahlreiche Architekturpreise gewonnen.

*Alternative **zum** Lotustempel, Indien*

TEMPLO BAHÁ'Í

Chile

Der 30 Meter hohe Bahá'í-Tempel ist ein riesiges skulpturales Kunstwerk. Elegante, gedrehte Flügel wölben sich nach oben wie die Blütenblätter einer kolossalen Blume, die vor den Ausläufern der Anden noch verführerischer wirkt.

Wie der Lotustempel in Delhi und alle anderen Bahá'í-Gotteshäuser auf der Welt hat auch das Heiligtum in Santiago eine neunseitige Form. Die neun gewölbten »Blütenblätter« sind von neun Wegen mit neun reflektierenden Becken umgeben, die die Gussglaspaneele an der Außenseite hervorheben. Das Innere ist mit lichtdurchlässigem Marmor verkleidet

und erinnert an das komplizierte Geflecht japanischer Körbe. Die geschwungenen Linien, die von den Drehungen der Sufi-Tänzer inspiriert sind, wirbeln durcheinander, und das Licht im Inneren wechselt bei Sonnenuntergang von Silber zu Ocker und Violett.

Der Tempel strahlt eine Art von ursprünglicher Schönheit aus, die zweifellos alle, die ihn sehen, in ihren Bann zieht.

Immer noch Lust auf den Lotustempel?

Ein guter Ausgangspunkt in der Nähe ist das Eros Hotel (www.eroshotels.co.in) in Delhi, das von den oberen Etagen aus einen Blick auf den Lotustempel bietet.

Santiagos interessanter Bahá'í-Tempel mit den Anden als Kulisse

So kommst du hin
Der Bahá'í-Tempel liegt östlich vom Flughafen Santiago de Chile, eine Taxifahrt dauert eine Stunde.

www.bahai.cl/templobahai

Von oben im Uhrzeigersinn
Der Haupteingang von
Notre-Dame d'Amiens mit
beeindruckenden Schnitzereien
an den Portalen; das elegante,
von Statuen gesäumte gotische Kirchenschiff; die hoch
aufragende Kathedrale an der
Place Notre-Dame

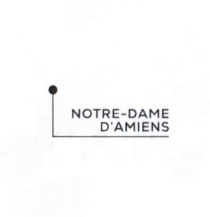

Die berühmteste Kathedrale Frankreichs steht in Paris. Und die beeindruckendste? Das wäre eine andere Notre-Dame, diesmal in Amiens. Dieses gewaltige Meisterwerk der gotischen Architektur ist größer und besser als sein Pariser Gegenstück.

Alternative zu *Notre-Dame de Paris, Frankreich*

NOTRE-DAME D'AMIENS

Frankreich

Wahrscheinlich kennt jeder die hoch aufragenden Türme von Notre-Dame, dem Wahrzeichen von Paris. In die Kathedrale von Amiens würde die Pariser Notre-Dame zweimal reinpassen. Die größte und höchste Kathedrale Frankreichs dominiert die Silhouette von Amiens, ist ein Meisterwerk der Hochgotik und wurde von der UNESCO 1981 zum Weltkulturerbe erklärt.

Obwohl die gewaltige Kathedrale in nur 50 Jahren (1220–1270) erbaut wurde, kam die Außengestaltung nicht zu kurz. Das Äußere von Notre-Dame d'Amiens ist ein Fest für die Augen. Die drei Portale sind mit biblischen Figuren geschmückt, über ihnen zieren 22 lebensgroße Könige aus Stein die Fassade. Die Kathedrale hat ein Mittelschiff, ein Langhaus, vier Seitenschiffe und einen Kapellenkranz. Der riesige Innenraum mag etwas kahler sein als die überladene Fassade, aber seine schiere Größe macht ihn sehr hell. Das Licht durchflutet das Kirchenschiff und lässt die zahlreichen Statuen im Inneren der Kathedrale erstrahlen, während Notre-Dame de Paris im Vergleich dazu eher düster wirkt.

Immer noch Lust auf Notre-Dame de Paris?

Infolge des verheerenden Brands 2019 ist die Pariser Kathedrale geschlossen, die Restaurierungsarbeiten werden voraussichtlich bis 2024 andauern. Einen Blick auf das Äußere der Kathedrale kann man bei einer Flussfahrt auf der Seine oder von der Place Jean-Paul II werfen.

So kommst du hin
Amiens liegt etwa zwei Autostunden von Paris entfernt. Regelmäßige Züge (1,5 Std.) verkehren von Paris nach Amiens.

www.visit-amiens.com

Der Ponte 25 de Abril in Lissabon ist der Golden Gate Bridge in Stil und Farbe verblüffend ähnlich, und das Besucherzentrum ist noch dazu sehr interessant.

Alternative zur *Golden Gate Bridge, USA*

PONTE 25 DE ABRIL

Portugal

Benannt nach der Nelkenrevolution, dem Tag im Jahr 1974, an dem ein Militärputsch das autoritäre Regime des Estado Novo in Portugal stürzte, ist der Ponte 25 de Abril in Lissabon die längste Hängebrücke in Europa. Da sie in demselben Orange-Zinnoberrot gestrichen ist wie die Golden Gate Bridge in San Francisco, sieht sie ihrem berühmteren Pendant zum Verwechseln ähnlich.

Und damit enden die Ähnlichkeiten noch nicht. Genauso, wie die Golden Gate Bridge San Francisco mit Marin County verbindet, erreicht man in Lissabon über den Ponte 25 de Abril den Stadtteil Almada auf der gegenüberliegenden Seite des Tejo und den langen Sand-streifen, der sich dahinter an der Costa da Caparica entlangzieht.

Was die beiden Brücken jedoch deutlich voneinander unterscheidet, sind ihre Besucherzentren. Im Pilar 7, das direkt in einem der Stützpfeiler des Ponte 25 de Abril untergebracht ist, erfährt man in einer interaktiven Ausstellung mehr über die Konstruktion der Brücke. Danach kann man mit dem Aufzug auf eine glasüber-dachte Aussichtsplattform in 90 Meter Höhe fahren mit spektakulärem Blick auf die Stadt und den Fluss. Das ist ein weitaus befriedigenderes Erlebnis als ein Besuch im Golden Gate Bridge Welcome Center, das nur wenige Hundert Meter von der Brücke entfernt liegt und größtenteils aus einem Souvenirladen besteht, in dem tonnenweise thematische Artikel angeboten werden. Wer braucht schon ein weiteres T-Shirt, wenn man einen Blick

Ponte 25 de Abril, die längste Hängebrücke Europas, über-spannt die Mündung des Tejo

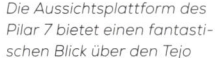

Die Aussichtsplattform des Pilar 7 bietet einen fantasti-schen Blick über den Tejo

Schloss Lichtenstein – das »Märchen-schloss von Baden-Württemberg« – ist nicht weniger romantisch als sein bayerisches Pendant, aber viel ruhiger.

Alternative zu
Schloss Neuschwanstein, Deutschland

SCHLOSS LICHTENSTEIN

Deutschland

Obwohl es wesentlich kleiner ist, wird sofort klar, warum Schloss Lichtenstein mit Schloss Neuschwanstein verglichen wird – ein neogotisches Schloss auf einem Felsvorsprung inmitten wunderschöner Landschaft.

Doch während Schloss Neuschwanstein zu den meistbesuchten Sehenswürdigkeiten in Deutschland gehört, wird Schloss Lichtenstein nicht von Reisegruppen überrannt – obwohl der Bau an sich und die prächtigen Innenräume mehr als würdig für Märchen mit Drachen, Rittern und Prinzessinnen sind. Es gibt sogar ein (offenbar freundliches) Gespenst namens Alfons.

auf das Innenleben eines technischen Wunderwerks werfen kann?

Immer noch Lust auf die Golden Gate Bridge?
Die beste Art, die Golden Gate Bridge zu sehen, ist vom Fahrrad aus. In Fisherman's Wharf kann man Räder ausleihen und über die Brücke radeln. Von Sausalito geht es dann mit der Fähre über die San Francisco Bay zurück.

Immer noch Lust auf Schloss Neuschwanstein?
Bei einer Führung am frühen Morgen oder am späten Nachmittag umgeht man Tagesausflügler aus München.

So kommst du hin
Flüge nach Lissabon landen auf dem Flughafen Humberto Delgado, Züge kommen am Hauptbahnhof Santa Apolónia an.

www.visitlisboa.com

So kommst du hin
Die nächstgelegene Großstadt ist Reutlingen. Von dort fährt man eine halbe Stunde mit dem Bus nach Lichtenstein.

www.schloss-lichtenstein.de

Das neofuturistische Opernhaus von Santiago Calatrava in Valencia ist von fast ebenso beeindruckenden Gebäuden umgeben und stellt sogar das Opernhaus in Sydney in den Schatten. Beim Besuch einer Zarzuela-Aufführung erlebt man sie in ihrer schönsten Form.

Alternative zum Sydney Opera House, Australien

PALAU DE LES ARTS REINA SOFÍA

Spanien

Das Opernhaus von Sydney, eines der bekanntesten Gebäude der Welt, ist ein Wahrzeichen Australiens. Die gestaffelten weißen Schalen des berühmten Dachs sehen aus wie wehende Segel und haben dazu beigetragen, dass das Gebäude auf der Titelseite vieler Tourismusbroschüren zu sehen ist. Als der dänische Architekt Jørn Utzon 1957 den Wettbewerb von New South Wales für den Entwurf eines Zentrums für darstellende Künste gewann, konnte er nicht ahnen, welches Vermächtnis er hinterlassen würde. Das Opernhaus von Sydney veränderte das Image Australiens, und heute besuchen es jedes Jahr elf Millionen Menschen.

Auf der anderen Seite der Erde, an der Südost-Küste Spaniens, hat ein ähnlich bahnbrechendes Opernhaus die Geschicke einer anderen Stadt neu belebt. Der aufsehenerregende Palau de les Arts Reina Sofia, einer von mehreren neofuturistischen Entwürfen, die den Komplex Ciudad de las Artes y las Ciencias bilden, verkörpert die Neuerfindung Valencias

im 21. Jahrhundert. Als der in Valencia geborene Architekt Santiago Calatrava den Auftrag erhielt, das damals heruntergekommene Gebiet zu erneuern, machte er sich daran, Gebäude zu entwerfen, die sowohl skulpturale Strukturen als auch funktionale Veranstaltungsräume sind. Das Ensemble modernster Architektur, das sich zwei Kilometer entlang des üppigen Jardín del Turia erstreckt, ist zu einer der interessantesten Sehenswürdigkeiten Spaniens geworden.

Der Komplex ist ein beeindruckender Anblick – er erhebt sich aus dem ausgetrockneten Flussbett, das sich um die Altstadt von Valencia schlängelt. Und der schillernde Palau de les Arts Reina Sofia ist das Juwel in der Krone. Mit seiner blendend weißen Kuppel, die aus

▶

Der futuristische Palau de les Arts Reina Sofia erhebt sich majestätisch aus dem ehemaligen Flussbett des Rio Turia

einem flachen Wasserbecken emporragt, kann er es locker mit dem Opernhaus in Sydney aufnehmen. In Anspielung auf die Geschichte der Keramikherstellung in Valencia wurden Tausende von *trencadís* (zerbrochene Mosaikfliesen) zur Verzierung der Oberflächen verwendet. Der Effekt ist fesselnd und etwas Besonderes an einem Ort wie der Ciudad de las Artes y las Ciencias, wo das Wissenschaftsmuseum den ausgebleichten Knochen eines Wals ähnelt, das Planetarium wie ein riesiges Auge aussieht und der Veranstaltungsraum des Komplexes die Form einer riesigen Venusfliegenfalle hat.

Aber hier geht es nicht nur um Architektur. Der Palau de les Arts Reina Sofía ist auch ein Zentrum für darstellende Künste. In der Sala Principal werden Opern, Ballett und Zarzuela aufgeführt, ein spanisches Musiktheater, bei dem Gesang mit Sprache kombiniert wird, ähnlich wie bei einer Operette. Die ursprünglich aus Madrid stammende Zarzuela ist eine nationale Kunstform, und wenn man die Möglichkeit hat, sollte man versuchen, Karten für eine Aufführung zu ergattern.

El barberillo de Lavapiés von Francisco Asenjo Barbieri gilt als Klassiker der Zarzuela.

Es gibt vier Spielstätten mit insgesamt 3000 Plätzen, was etwa der Hälfte der Kapazität des Opernhauses von Sydney entspricht. Größe ist jedoch nicht alles, eine Aufführung im Les Arts ist viel intimer. Panoramaaufzüge bringen Besucher zum Auditorio, das dank seiner Muschelform eine hervorragende Akustik hat. Je höher man kommt, desto weiter reicht der Blick über die Palmenterrassen des Opernhauses, über Valencia und bis zum Meer. Neben dem Besuch einer Aufführung sind geführte Touren die nächstbeste Möglichkeit, das Opernhaus zu entdecken. Dann geht es auch ins Centre de Perfeccionament, das Ausbildungszentrum für junge Sängerinnen und Sänger, in die Sala

OPERNHAUS IN HARBIN
China

Das gewundene Gebäude wurde vom Architekturbüro MAD entworfen. Mit seinen tentakelartigen Seitengebäuden sieht es aus, als wäre es dem Songhua Jiang entschlüpft. Der Innenraum mit seiner Holzhülle ist ebenso dramatisch.

OPERNHAUS IN GUANGZHOU
China

Das Opernhaus von Zaha Hadid in Form von zwei riesigen Felsen, die vom Wasser geglättet wurden, ist besonders nachts spektakulär, wenn sein Spiegelbild auf der Oberfläche des Perlflusses schimmert.

OPERNHAUS IN OSLO
Norwegen

Die schräge Außenseite des Osloer Opernhauses ist mit Marmor und Granit verkleidet und erinnert an einen Gletscher, der aus einem Fjord ragt. Es fällt zum Hafen hin ab und wurde so gestaltet, dass man auf seinem Dach spazieren kann.

Principal und das Auditorio. Bei einigen Führungen kann man sogar bei einer Probe dabei sein.

Der Bau des Palau de les Arts Reina Sofía hat fast 480 Millionen Euro gekostet, das Vierfache des veranschlagten Betrags. Aber das verblasst im Vergleich zu Jørn Utzons Bau des Opernhauses in Sydney, der das 15-Fache des ursprünglichen Budgets verschlang. Utzon verließ Australien sieben Jahre vor der Fertigstellung der Oper und sah sie nie vollendet.

Immer noch Lust auf das Sydney Opera House?

Besonders schön ist das Opernhaus bei Sonnenuntergang. Dann sieht man auch die Lichtprojektion *Badu Gili*, die Kunst der Ureinwohner auf die östlichen Bennelong-Segel der Oper projiziert.

So kommst du hin
Der Flughafen Valencia ist acht Kilometer vom Zentrum entfernt. Es gibt häufige Metro- und Busverbindungen.

www.lesarts.com

TILYA-KORI-MADRASA

Mit ihren farbenfrohen Mosaikfliesen und dem opulenten, vergoldeten Interieur strahlt die Tilya-Kori-Madrasa ein wenig heller als der Petersdom, die berühmteste Kirche des Vatikans.

Alternative zum *Petersdom, Vatikanstadt*

TILYA-KORI-MADRASA

Usbekistan

Das Registan-Ensemble ist für Usbekistan das, was der Petersdom für den Vatikan ist: ein ikonisches religiöses und architektonisches Monument, das zum Symbol für ein Land geworden ist. An dem Platz in Samarkand, der zum UNESCO-Weltkulturerbe gehört, stehen drei prächtige Madrasas (islamische Universitäten), von denen die Tilya-Kori-Madrasa die eindrucksvollste ist. Der Petersdom mag ein kolossales Bauwerk sein, dessen Kuppel in den Himmel ragt und dessen Fassade von Säulen flankiert wird, aber die Tilya-Kori-Madrasa ist in puncto Dekadenz unübertroffen.

Die Mitte des 17. Jahrhunderts von Yalangtush Bahadur, dem Gouverneur Samarkands, errichtete Tilya-Kori-Madrasa ist das größte und kunstvollste Bauwerk am Registan. Sie hat ihren Namen von der Moschee im Innenhof: Tilya Kori bedeutet »mit Gold bedeckt«, eine Anspielung auf die schimmernde,

vergoldete Kuppel und die Wände des Gebäudes. Sicher, die Kuppel des Petersdoms ist höher, aber die Extravaganz der Tilya-Kori-Madrasa ist so groß, dass einem schwindlig wird. Bänder mit arabischen Kalligrafien, glasierte Mosaikfliesen und eine großzügige Schicht Blattgold sorgen für ein atemberaubendes Interieur. Das Innere der Kuppel ist eigentlich flach. Doch wenn man darunter steht, erscheint sie aufgrund einer optischen Täuschung, die durch Trompe-l'Œil erreicht wurde, gekrümmt.

Und nicht nur die Moschee zieht die Blicke der Fotografen auf sich. Auch die 120 Meter lange Fassade der Madrasa, ein Sammelsurium bunter Fliesen, die zu einem komplizierten Puzzle aus geometrischen Mustern und Koranversen zusammengesetzt sind, ist eine Augenweide.

Die liebevoll dekorierte Tilya Kori war einst die wichtigste Gebetsstätte der Stadt. Als Usbekistan jedoch Teil der

Die drei kunstvollen Madrasas beherrschen den Registan, den Hauptplatz in Samarkand

Sowjetunion wurde, wurde die Madrasa
unter Denkmalschutz gestellt. Obwohl
die Tilya Kori keine Gebetsstätte mehr
ist, ist sie immer noch voller Leben. Die
gewölbten, mit Fliesen versehenen Zellen
rund um den zentralen Innenhof wurden
sorgfältig restauriert. In ihnen wimmelt es
von Händlern, die bunt bemalte Teesets,
Seidenstoffe mit dem charakteristischen
Zickzackmuster und Miniaturgemälde
verkaufen. Der lebhafte Basar ist ein auf-
regender Abschluss einer Tour durch die
Tilya Kori.

Immer noch Lust auf den Petersdom?

Am ruhigsten ist es im Petersdom außerhalb der Messezeiten (Messen finden
stündlich zwischen 9 und 12 Uhr sowie um
17 Uhr statt).

Oben Wunderschöne blaue
und grüne Mosaiken im Inneren
der Tilya-Kori-Madrasa
Unten Herrliche Fliesen rund
um die Türen

So kommst du hin
Mit dem Flugzeug oder
dem Hochgeschwindig-
keitszug von Taschkent
aus nach Samarkand.

https://uzbekistan.travel

ARCELORMITTAL
ORBIT

Der ArcelorMittal Orbit bietet einen atemberaubenden Blick auf die Skyline der Hauptstadt und ist für London das, was der Eiffelturm für Paris ist – allerdings mit dem zusätzlichen Spaß einer aufregenden Tunnelrutsche.

Alternative zum *Eiffelturm, Frankreich*

ARCELORMITTAL ORBIT

Großbritannien

Unter dem Eiffelturm erstreckt sich Europas romantischste Stadt, die Silhouetten von Louvre, Montmartre und Notre-Dame ragen über die Skyline hinaus. Die Aussicht von der Spitze des Londoner ArcelorMittal Orbit, Großbritanniens größtem Kunstwerk im öffentlichen Raum, ist ebenso einzigartig – The Shard, Gherkin und Big Ben füllen den Horizont.

Beim Eiffelturm mag es um Eleganz gehen, im ArcelorMittal Orbit steht der Spaß im Vordergrund. Der von Anish Kapoor entworfene rote Gitterturm, ein Erbe der Olympischen Spiele 2012 in London, spiegelt die Energie der Stadt wider, und die längste Tunnelrutsche der Welt umrundet ihn ein Dutzend Mal. Es dauert 40 Sekunden, bis man unten ankommt. Dabei wechseln sich Ausblicke auf den Queen Elizabeth Olympic Park und pechschwarze Abschnitte ab, bevor die Rutsche in einem Korkenzieher endet.

Immer noch Lust auf den Eiffelturm?

Von Dienstag bis Donnerstag ist am wenigsten los. Nimmt man die Treppe, vermeidet man Wartezeiten am Aufzug.

Der rote Arcelor-Mittal Orbit mit aufregenden Drehungen und Wendungen

So kommst du hin
Die DLR vom London City Airport braucht etwa 20 Minuten zum Queen Elizabeth Olympic Park.

www.arcelormittal orbit.com

Das Louisiana State Capitol ist zwar kleiner als das Empire State Building, hat aber eine ebenso prächtige Art-déco-Fassade, eine faszinierende Geschichte und einen weiten Blick über Amerikas mächtigsten Fluss.

LOUISIANA
STATE CAPITOL

Alternative zum *Empire State Building, USA*

LOUISIANA
STATE CAPITOL

USA

Hoch über Baton Rouge am Ufer des Mississippi erhebt sich das Louisiana State Capitol mit Art-déco-Design und Kalkstein-verkleideter Fassade wie ein kleines Empire State Building. Aber im Gegensatz zu seinem Cousin in New York City muss man nie warten, um auf die Spitze zu gelangen und die Aussicht zu genießen – und das auch noch kostenlos.

Das 34-stöckige Gebäude, das manchmal auch als »Huey Long's Monument« bezeichnet wird, war der Traum des umstrittenen und visionären Gouverneurs von Louisiana. Als es im Jahr 1932 eröffnet wurde, war Long begeistert: »Es gibt nur ein Gebäude, das sich architektonisch mit ihm vergleichen lässt. Das ist der Petersdom in Rom.«

Von der Aussichtsplattform im 27. Stock bietet sich ein faszinierender Blick auf die Capitol Gardens, den Mississippi und die grünen Cajun-Feuchtgebiete dahinter.

Das großartige Louisiana State Capitol aus den 1930er Jahren ist von üppigen Gärten umgeben

Immer noch Lust aufs Empire State Building?

Von der Rooftop Bar des Archer Hotels hat man einen atemberaubenden Blick auf das Wahrzeichen New Yorks.

So kommst du hin
Die Fahrt vom Flughafen New Orleans nach Baton Rouge dauert etwa 70 Minuten.

www.visitbatonrouge.com

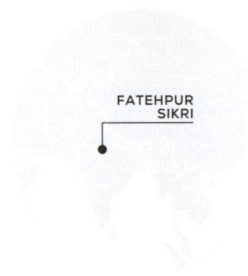

Beijings Verbotene Stadt punktet mit ihrer Größe, aber Indiens kleinere antike Stadt Fatehpur Sikri hat eine ganz andere Atmosphäre. Die frühere Hauptstadt wurde vor Jahrhunderten verlassen und ist heute der anmutige Geist eines Moments der indischen Geschichte.

Alternative zur
<mark>Verbotenen Stadt, China</mark>

FATEHPUR SIKRI

Indien

Die Verbotene Stadt in Beijing ist eine der beliebtesten Attraktionen der Welt, in die täglich rund 24 000 Menschen strömen. Im Gegensatz dazu bietet die indische Geisterstadt Fatehpur Sikri viel Platz für Besucher.

Fatehpur Sikri war nicht sehr lange die Hauptstadt der Moguln – nur 14 Jahre im Vergleich zu den sechs Jahrhunderten kaiserlicher Herrschaft in der Verbotenen Stadt. Die Anlage wurde 1569 vom Großmogul Akbar in Auftrag gegeben, und im Einklang mit seiner Toleranz gegenüber verschiedenen Religionen verbindet sie hinduistische und muslimische Elemente; traditionelle indische *chhatris* (kuppelförmige Pavillons an den oberen Ecken der Gebäude) wurden mit islamischen Spitzbogen und Kuppeln gepaart. Das Leben am Hof spielte sich hier ab, bis Akbar Fatehpur Sikri plötzlich für einen Feldzug verließ; einige Jahre später wurde die Stadt aufgrund von Problemen mit der Wasserversorgung ganz aufgegeben. Wenn man heute durch die Anlage geht, sieht man, dass sie in der Zeit stehen geblieben ist: Pavillons aus rotem Sandstein warten auf die Rückkehr des königlichen Haushalts, während im »Goldenen Haus«, dem Haus von Akbars Mutter, noch immer verblasste Gemälde die Wände zieren. Ganz in der Nähe hat das *chhatri* im obersten Stockwerk des Panch Mahal, das die Abendbrise einfängt, nichts von seiner Romantik eingebüßt.

Im Gegensatz zu den Pavillons der Verbotenen Stadt variieren die von Akbars Traumhauptstadt im Design. Jeder Teil des Panch Mahal hat seine Besonderheit, seien es die Steingitter zum Schutz der Haremsdamen oder die von Bogengängen umgebene Audienzhalle.

Oben Torbogen des Palasts der Jodha Bai
Unten Die Jama Masjid ist eine der größten Moscheen Indiens

Der Palast ist aber nicht alles, was man hier erkunden kann. Gleich außerhalb des Geländes steht die Jama Masjid, Grabstätte des Sufi-Mystikers Salim Chishti. Das riesige Gebäude mit seinem imposanten Eingang ist an sich schon eine großartige Sehenswürdigkeit.

Das Dorf, das die Stätte umgibt, ist ebenfalls einen Besuch wert, vor allem wegen der *Nankhatai*-Kekse – knusprig und nicht zu süß schmecken sie hervorragend zu einer Tasse Masala Chai.

Immer noch Lust auf die Verbotene Stadt?

Ost- und Westachse sind weniger überfüllt, da Reisegruppen in der Regel im zentralen Bereich bleiben.

Oben Der Wassertank Anup Talao diente auch als Sitzgelegenheit im Freien
Rechts Reich verzierte Innenräume der Jama Masjid

So kommst du hin
Von Agra fahren halbstündlich Busse (Dauer 60 – 90 Min.). Es gibt auch täglich fünf Züge von Agra nach Fatehpur Sikri.

www.incredibleindia.org

PUNING-
TEMPEL

Der Himmelstempel ist eine der berühmtesten Stätten Chinas, aber wenn es um das Ambiente geht, hat der Puning-Tempel die Nase vorn. Im Gegensatz zu Beijings Wahrzeichen ist dieser Komplex immer noch ein aktiver Ort der Anbetung.

Alternative zum *Himmelstempel, China*

PUNING-TEMPEL

China

Die Lebendigkeit der buddhistischen Tempelanlage Puning in Chengde ist für Pilger und Reisende gleichermaßen berauschend. Puning ist ein aktiver Ort der Verehrung – im Gegensatz zum Himmelstempel, der nicht mehr für religiöse Zwecke genutzt wird. In Puning wird das ganze Spektrum buddhistischer Rituale regelmäßig von Lamas und Gläubigen durchgeführt, was diesem Komplex eine tiefe Ehrfurcht und Vitalität verleiht.

Während der Himmelstempel ein Musterbeispiel für chinesische architektonische Ausgewogenheit und Symbolik ist (das Gelände ist vollkommen flach, die Gebäude sind eine Übung in Zurückhaltung), hat der Puning-Tempel etwas Spontanes an sich. Der Komplex ist eine Synthese aus chinesischem und tibetischem Baustil, errichtet an einem Berghang und umgeben von Natur. Berge werden in China häufig mit Mythen, Geistern und magischen Ereignissen in Verbindung gebracht und sind ein typischer Standort

buddhistischer Tempel. Die spektakuläre Kulisse wechselt im Jahresverlauf ihre Farbe, sodass der Tempel zu jeder Jahreszeit ein neues Erlebnis ist.

Der Tempelkomplex besteht aus einer Reihe von Hallen, die sich an den Hang schmiegen und als heilige Portale zu den Kräften von Guanyin, der buddhistischen Göttin der Barmherzigkeit (einer Erscheinungsform Buddhas), dienen. Ihre Heimat liegt zwar auf der Insel Putuo Shan, die Hunderte von Kilometern südöstlich vor der Küste von Zhejiang liegt, doch der Tempel in Chengde ist Chinas beeindruckendster Schrein für diese Gottheit.

Guanyin wird durch den erstaunlichsten Schatz des Tempels repräsentiert: eine kolossale Statue, die im Mahayana-Pavillon steht. Mit einer Höhe von über 22 Metern ist die Holzstatue angeblich

Von links im Uhrzeigersinn
Die Anlage des Puning-Tempels wird vom Mahayana-Pavillon dominiert; die riesige Guanyin-Statue; die farbenfrohen Außen-anlagen der Puning-Pavillons

die größte der Welt. Der Anblick dieser riesigen Figur, die in jeder ihrer 42 Hände ein Auge trägt, ist beeindruckend. Wenn man nur Zeit für eine einzige buddhistische Stätte in China hat, dann sollte es diese sein.

Immer noch Lust auf den Himmelstempel?

Am schönsten ist die Anlage gegen 7 Uhr morgens, wenn sich die Einheimischen im Tempelpark zum Singen, Tanzen und Tai-Chi versammeln. Um 8 Uhr wird der Tempelkomplex geöffnet.

So kommst du hin
Der nächstgelegene Flug-hafen ist Beijing. Hochge-schwindigkeitszüge fahren von Beijing nach Chengde in knapp zwei Stunden.

www.visitourchina.com

Das beeindruckende Grabmal des Kaisers Humayun in Delhi aus rot-weißem Stein, das von wunderschönen formalen Gärten umgeben ist, diente als Vorbild für den Taj Mahal.

Alternative zum *Taj Mahal, Indien*

HUMAYUNS GRAB

Indien

Die prächtige letzte Ruhestätte des zweiten Mogulherrschers, Humayuns Grab, erhebt sich spektakulär über die umgebenden palmengesäumten Gärten mitten in Delhi. Sie wurde 1571 fertiggestellt und war das erste Gartengrab der Moguln, das jemals gebaut wurde. Es wurde von Humayuns Frau Bega Begum in Auftrag gegeben, die den Bau auch überwachte. Manche sagen, Humayuns Grabmal sei Vorbild und Inspiration für das Wahrzeichen von Agra, den Taj Mahal, gewesen, der etwa 60 Jahre später von Shah Jahan als Grablege für seine Lieblingsfrau Mumtaz Mahal errichtet wurde.

Doch während die Besucher am Taj Mahal nur drei Stunden für die Erkundung des Monuments haben, können sie an Humayuns Grab die majestätische Architektur in aller Ruhe auf sich wirken lassen.

Humayuns Grab ist in einer leuchtenden Farbkombination aus rotem Sandstein und weißem Marmor gehalten und steht auf einem Podium genau in der Mitte der spektakulären Gärten. Die kunstvoll geschnitzten Bogen und die vom persischen Stil inspirierte zentrale Kuppel waren Vorläufer der monumentalen Mogularchitektur, die später in ganz Indien zu finden war. Im Inneren der großen, kühlen Kammer, die durch filigrane Steinwände von der Sonne abgeschirmt ist, befinden sich die Sarkophage von

Das schön proportionierte Grabmal ist von symmetrischen Gärten umgeben

Bogen in der Sandsteinfassade mit geometrischen Mustern aus weißem Marmor, darunter der Stern des Islam

Humayun, Bega Begum und über 160 Mit-
gliedern der königlichen Familie.

Die präzise Geometrie des Grabmals
und die symmetrischen Gärten, deren
Gestaltung die Beschreibung des Himmels
im Koran widerspiegelt, sind ein visueller
Genuss. Ein Spaziergang rund um das
Mausoleum ist die beste Möglichkeit, es
aus allen Blickwinkeln zu bewundern.

Immer noch Lust auf den Taj Mahal?

Die beste Zeit für einen Besuch ist von
März bis Juni, dann ist der Himmel am
klarsten. In den Wintermonaten kann es
oft neblig sein.

*Ein Marmorsarkophag im
Inneren von Humayuns Grab,
einem der am besten erhaltenen Moguldenkmäler in Indien*

So kommst du hin
*Mit dem Taxi fährt man
etwa 30 Minuten von
Delhis Flughafen Indira
Gandhi ins Stadtzentrum.*

www.humayunstomb.com

Von oben links im Uhrzeigersinn
Der Bildhauer Korczak Ziolkowski, der das Crazy Horse Memorial entworfen hat; Pferdeskulptur am Denkmal; der unvollendete Crazy Horse, der über den Kopf seines Pferds zeigt

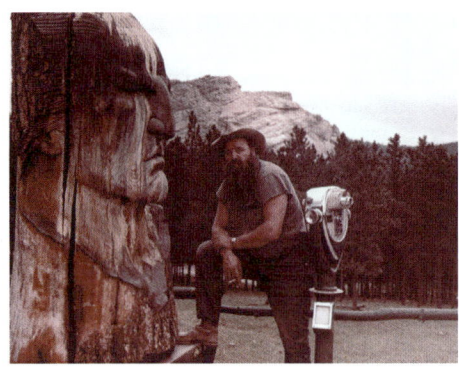

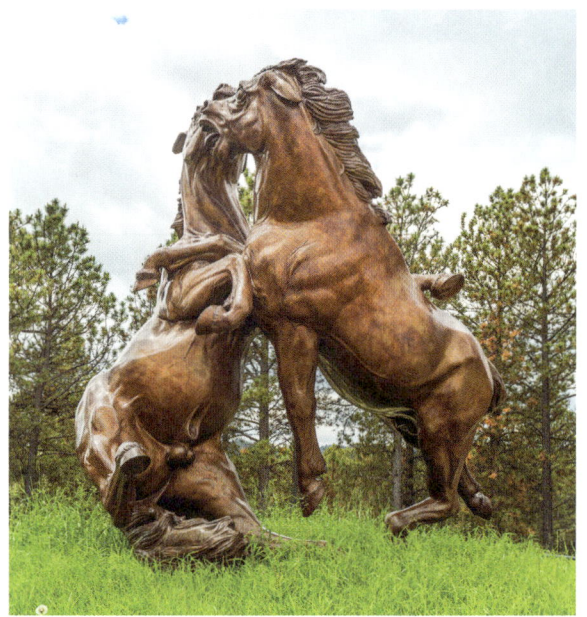

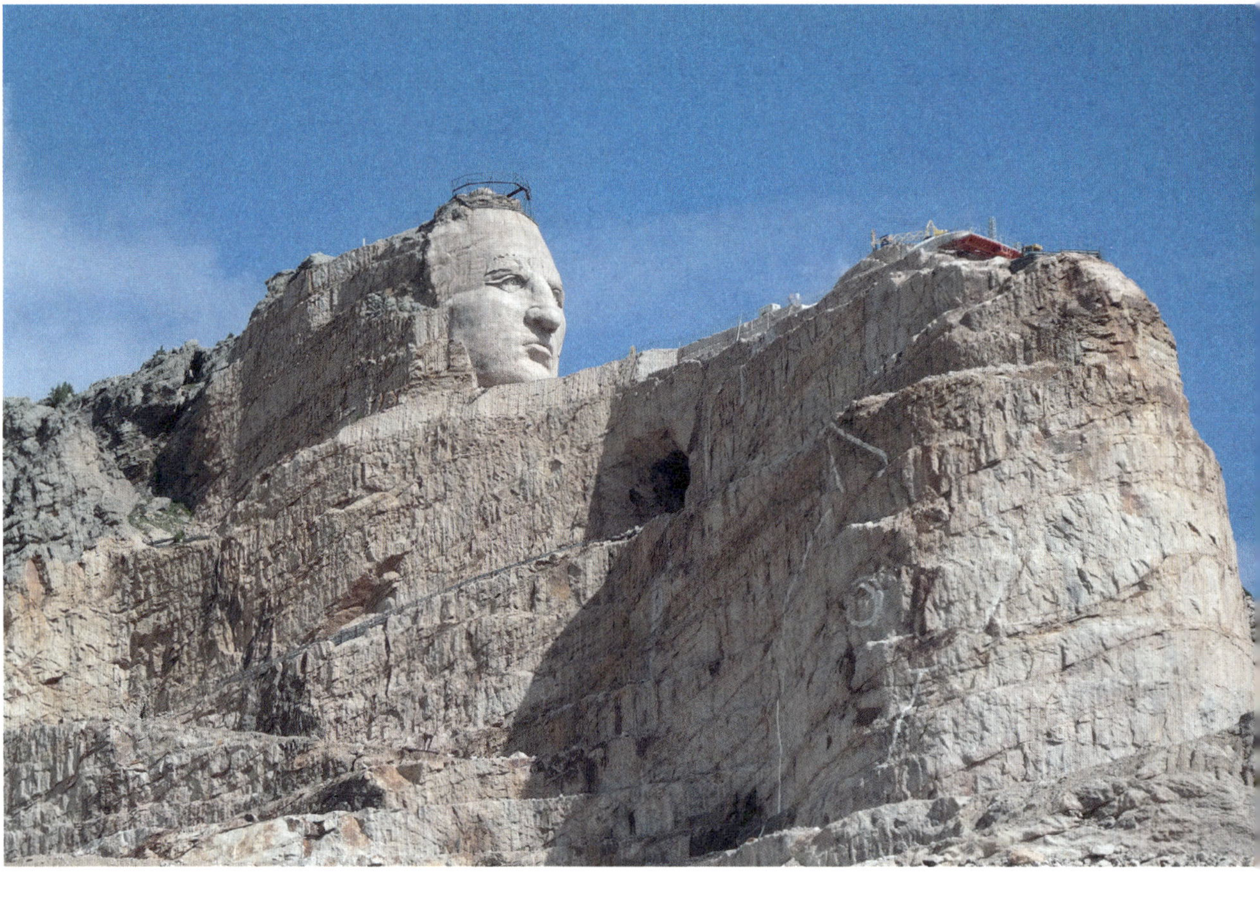

CRAZY HORSE
MEMORIAL

In den Black Hills von South Dakota überragt das Crazy Horse Memorial den Mount Rushmore um ein Vielfaches: Würde man die Präsidenten von Rushmore übereinanderstapeln, würden sie kaum bis zur Hälfte des Pferds des Sioux-Kriegers reichen.

Alternative zum *Mount Rushmore, USA*

CRAZY HORSE MEMORIAL

USA

Als Korczak Ziolkowski 1948 mit der Arbeit an der größten Skulptur der Welt begann, wusste er, dass es nicht einfach werden würde. Der Lakota-Häuptling Henry Standing Bear hatte den polnisch-amerikanischen Bildhauer, der am Mount Rushmore mitgearbeitet hatte, gebeten, ein ebenso grandioses Denkmal für Crazy Horse zu errichten, eine führende Persönlichkeit der amerikanischen Ureinwohner in der Schlacht am Little Bighorn.

Das Erste, was einem an dem Monument auffällt, ist seine riesige, fast unvorstellbare Größe. Die Präsidenten von Rushmore sind einfach in die Felswand gemeißelt, während dieses Denkmal einen ganzen Berg einnimmt. Ziolkowski plante, den Granit zu sprengen, mit dem Bulldozer zu bearbeiten und zu einem 172 Meter hohen Abbild von Crazy Horse zu formen, der auf seinem galoppierenden Pferd sitzt und den Arm über das Land streckt, für das er gekämpft hat.

Angesichts der gigantischen Ausmaße ist es nicht verwunderlich, dass das Denkmal noch in Arbeit ist. Ziolkowski weigerte sich, staatliche Gelder anzunehmen, da er glaubte, das würde die kulturelle Mission des Projekts kompromittieren. Der Bildhauer starb 1982, lange bevor der Kopf des Kriegers 1998 fertiggestellt wurde. Selbst jetzt ist es unmöglich abzuschätzen, wann das Denkmal vollendet wird.

Immer noch Lust auf den Mount Rushmore?

Bei klarem Morgenlicht hat man den besten Blick. Mit einem Fernglas sieht man die Details der Skulpturen besser – und kann Bergziegen entdecken, die in den Felswänden herumklettern.

So kommst du hin
Der nächste Flughafen ist in Rapid City, 65 Kilometer entfernt. Man braucht ein Auto für den Besuch der Gedenkstätte.

https://crazyhorse memorial.org

Alternative zum Kruger National Park, Südafrika

Westliche Reservate, Uganda

Seite 128

Alternative zu norwegischen Fjorden, Norwegen

Fjorde in Patagonien, Chile

Seite 132

Alternative zu den Niagarafällen, Kanada

Kaieteur-Fälle, Guyana

Seite 133

Alternative zum Uluru, Australien

Mount Augustus, Australien

Seite 134

Alternative zur Halong-Bucht, Vietnam

Li Jiang, China

Seite 135

Alternative zu den oberitalienischen Seen, Italien

Chilenische Seen, Chile

Seite 136

Alternative zum Grand Canyon, USA

Fish River Canyon, Namibia

Seite 138

Alternative zum Amazonas, Südamerika

Orinoco, Venezuela

Seite 140

Alternative zu Island

Sol de Mañana, Bolivien

Seite 142

Alternative zum Monteverde-Nebelwald, Costa Rica

Mindo-Nambillo-Nebelwald, Ecuador

Seite 144

Alternative zu Ko Phi Phi, Thailand

Ihuru, Malediven

Seite 148

Alternative zu den Galapágos-Inseln, Ecuador

Fernando de Noronha, Brasilien

Seite 150

Alternative zum Tafelberg, Südafrika

Monte Roraima, Venezuela

Seite 151

Alternative zum Herbst in New England, USA

Herbst in den Laurentian Mountains, Kanada

Seite 152

Alternative zur Kirschblüte in Japan

Hortensien auf den Azoren

Seite 153

Alternative zum Great Barrier Reef, Australien

Christmas Island, Australien

Seite 154

WUNDER
DER NATUR

Die breiten Wasserwege, Dschungel und offenen Ebenen Westugandas bilden Afrikas artenreichstes Safari-Reiseziel, eine unberührte Alternative zum berühmteren Kruger National Park in Südafrika.

Alternative zum
Kruger National Park, Südafrika

WESTLICHE RESERVATE

Uganda

An der westlichen Grenze Ugandas, wo die ostafrikanische Savanne auf den westafrikanischen Regenwald trifft, liegen mehrere Nationalparks, in denen es von einigen der berühmtesten Wildtiere Afrikas nur so wimmelt. Und trotzdem kommen nur weniger Besucher hierher. Im Gegensatz zum Kruger National Park mit seiner hervorragenden Infrastruktur sind die Reservate im Westen Ugandas abgelegen, und die vielen Stunden, die man braucht, um sie von Entebbe oder Kampala über schlechte Straßen zu erreichen, sind nicht immer verlockend. Diejenigen, die sich jedoch die Mühe machen, können hier eine große Artenvielfalt – 95 Säugetierarten und über 500 Vogelarten – beobachten.

Hier kann man sich mächtigen Berggorillas und Schimpansen bis auf wenige Meter zu Fuß nähern, tropische Gewässer voller Flusspferde und Elefanten befah-

ren und weite Steppen erkunden, auf denen Löwen grasende Antilopenherden belauern. Im Süden der Region lebt im Bergregenwald des Bwindi Impenetrable National Park rund die Hälfte der weltweit verbliebenen Berggorillas. Oben in den Bergen, wo es kräftig regnet und die Luft kühl ist, herrscht dichte Vegetation, und Ranken schlängeln sich an den Bäumen entlang über den schlammigen Boden des Regenwalds. Es ist eine anstrengende Wanderung zu den Gorillas, aber mit etwas Glück wird man mit einer Sichtung der sanften Riesen belohnt.

Der Mgahinga Gorilla National Park in der Nachbarschaft von Bwindi ist ein ruhigeres, kleineres Gorilla-Schutzgebiet, das sich über die üppigen Hänge der drei erloschenen Virunga-Vulkane erstreckt. Das Trekking zu den etwa 100 Gorillas ist für viele der Höhepunkt, aber eine Wande-

Eine kleine Giraffenherde durchstreift das Grasland im Murchison Falls National Park

Oben Ein Gorilla im Wald
des Bwindi Impenetrable
National Park

rung in den Bergen Gahinga, Sabinyo und Muhavura bietet die Chance, noch mehr Wildtiere (Goldkatzen, Leoparden, Ducker) zu sehen.

Auf dem Talgrund des Western Rift Valley treffen im Queen Elizabeth National Park Savanne, Wald und Gewässer zusammen und bieten Raum für eine unvergleichliche Artenvielfalt. Bei Bootsausflügen auf dem Kazinga-Kanal sieht man am Horizont die schneebedeckten Gipfel der Ruwenzori-Berge und in der Nähe Flusspferde, Büffel, Elefanten, Pelikane und Wasservögel. Im umliegenden Waldland kann man Riesenwaldschweine entdecken, und in den abgeschiedenen Ishasha-Ebenen klettern die berühmten Löwen auf Bäume. Andernorts umgibt dichter Wald salzige Kraterseen, die von Tausenden Flamingos in Rosa getaucht werden.

Der Westen Ugandas überrascht immer wieder mit seiner Landschaft,

besonders im Ruwenzori Mountains National Park. Diese alpine Mischung aus Grasland und schneebedeckten Bergen lockt eine Vielzahl von Säugetieren und Vögeln an. Vogelfreunde sollten weiter nach Norden zum Semuliki National Park fahren. Er liegt im Albertine Rift Valley zwischen Edward- und Albertsee und beherbergt einzigartige Vogelarten, die sonst nirgendwo im Land zu finden sind, etwa Gelbkehlkuckuck und Graubauch-Mausspecht.

Nördlich des Albertine Rift Valley liegt der größte Nationalpark Ugandas, der Murchison Falls National Park, der 76 Säugetierarten und Hunderten von Vögeln eine Heimat bietet. Boote fahren auf dem Nil bis unterhalb der Murchison-

Links Vogelschwärme über dem tosenden Wasser der Murchison-Fälle
Unten Ein Elefant durchstreift die Savanne im Queen Elizabeth National Park

Fälle, wo Tausende Liter Wasser durch eine Schlucht stürzen und dramatisch in den Albertsee fallen. Löwen, Giraffen, Elefanten, Büffel, Uganda-Grasantilopen und Oribis bevölkern das palmengesäumte Grasland in der Nähe und sorgen für ein elektrisierendes Erlebnis.

Immer noch Lust auf den Kruger National Park?

Der Kruger ist ein Paradies für Tierliebhaber: Im größten Nationalpark Südafrikas leben 150 Säugetierarten. Die südliche Region des Parks ist am beliebtesten, da sie touristisch besser erschlossen ist, aber die nördlichen Regionen ab Punda Maria sind ebenso interessant (und ohne verstopfte Straßen und überfüllte Camps).

So kommst du hin
Die meisten Besucher erkunden die westlichen Parks auf dem Landweg über ein oder zwei Wochen. Private Safaris können über Veranstalter in Kampala organisiert werden.

www.ugandaparks.com

LOPÉ-NATIONALPARK
Gabun

Diese UNESCO-Welterbestätte birgt Savannengrasland, das vor mehr als 12 000 Jahren entstanden ist. Der Park ist wichtig für die Forschung, hier leben Gorillas, Meerkatzen, Schimpansen, Schwarze Stummelaffen und Waldelefanten.

SAMBURU NATIONAL RESERVE
Kenia

Wer Wildtiere liebt, ist hier genau richtig. In dem Reservat leben seltene Arten wie Grevyzebras, Somalistrauße, Netzgiraffen, Giraffengazellen und Beisa-Oryx – zusammen als Samburu Special bekannt.

LUANGWA-TAL
Sambia

Das Gebiet gilt wegen seiner üppigen Vegetation und der reichen Tierwelt als der Honigtopf Sambias. Im Tal sind vier Nationalparks: South Luangwa, North Luangwa, Luambe und Lukusuzi, in denen die Big Five und die Thornicroft-Giraffe leben.

*Eine magische Welt aus Wasser und
Eis: Patagoniens Fjorde stellen mit ihrer
wilden und unberührten Schönheit die
berühmten Wasserstraßen Norwegens
in den Schatten.*

Alternative zu den *norwegischen Fjorden, Norwegen*

FJORDE IN
PATAGONIEN

Chile

Am südlichen Ende der Erde erstreckt sich
eine grandiose Welt aus Gletschern, Eis-
bergen, tosenden Wasserfällen und hohen
Bergen. Die unberührte Schönheit der
patagonischen Fjorde wird jährlich nur von
12 000 Menschen besucht – ein Bruchteil
der Urlauber, die zu ihren norwegischen
Konkurrenten strömen.

Die Erkundung der Fjorde beginnt
in der chilenischen Stadt Punta Arenas,
denn dort legen die Kreuzfahrtschiffe ab
zur Fahrt bis zum Kap Hoorn – über die
Magellan-Straße (Estrecho de Magalla-
nes) und durch ein Labyrinth aus Kanälen,

Meeresarmen und Inselchen. Unterwegs
zeigt sich die faszinierende Schönheit der
Fjorde: Berge ragen jäh aus dem Meer,
Gletscher schieben sich über Felswände,
Wasserfälle stürzen in tiefe Schluchten.
Auf Bootsausflügen erlebt man das aufregende Schauspiel noch intensiver, wenn
etwa der Pia-Gletscher kalbt und sich riesige, türkisfarbene Eisblöcke mit Donnern
von der Gletscherzunge lösen.

Außerdem sieht man bei Bootsfahrten
Meerestiere aus unglaublicher Nähe.
Verspielte Delfine begleiten einen bei der
Fahrt zu Buchten und kleinen Inseln, wo
mächtige See-Elefanten dösen und sich
kleinere Seelöwen sonnen. An Land führen
Wanderungen in Buchten, wo Tausende
possierlicher Magellanpinguine leben.

*Magellanpinguine versammeln
sich auf einem Felsen in der
patagonischen Schneelandschaft*

*Eisschollen auf dem Wasser im
spektakulären Calvo-Fjord am
Rand des Sarmiento-Kanals*

Die Kaieteur-Fälle liegen abseits der Touristenströme, sind vom grünen Amazonas-Regenwald umgeben und viermal so hoch wie die Niagarafälle.

KAIETEUR-FÄLLE

Alternative zu den Niagarafällen, Kanada

KAIETEUR-FÄLLE

Guyana

Mit einer gewaltigen Geschwindigkeit von 663 Kubikmetern pro Sekunde gehören die Kaieteur-Fälle in Guyana zu den eindrucksvollsten der Welt. Das spiegelt sich aber nicht in der Besucherzahl wider – nur 40 000 pro Jahr. Auf dem Weg zu den tief im Dschungel Guyanas versteckten Kaieteur-Fällen, die von einem der größten unberührten Regenwaldgebiete Südamerikas geschützt werden, begegnet man deshalb mehr Wildtieren als Touristen.

Immer noch Lust auf die Niagarafälle?
Am besten sieht man die Fälle auf einer Bootsfahrt mit der *Maid of the Mist.*

Nach vier Tagen erreichen die Schiffe Kap Hoorn. Hier treffen Atlantik und Pazifik aufeinander, Eisschollen treiben im Meer, und heulende Winde, die einst Expeditionen vereitelten, peitschen gegen steile, zerklüftete Klippen.

Immer noch Lust auf Norwegen?
Wenn man ein ruhigeres Plätzchen sucht, sollte man die weniger besuchten Nærøyfjord und Aurlandsfjord aufsuchen. Letzteren kann man vom 650 Meter darüber liegenden Stegastein bewundern.

So kommst du hin
Es gibt tägliche Flüge von Santiago nach Punta Arenas, Ausgangspunkt für Kreuzfahrten zu den patagonischen Fjorden.

www.australis.com

So kommst du hin
Es gibt keine Straße zu den Fällen. Man erreicht sie entweder mit dem Flugzeug von Georgetown aus (1 Std.) oder zu Fuß auf einem fünftägigen Trek.

http://exploreguyana.org/ kaieteur-falls/

Der Mount Augustus (Burringurrah) ist doppelt so groß wie der Uluru und zehnmal so abgelegen. Wenn man sich der Herausforderung stellen will, sollte man den spektakulären Monolithen unbedingt besteigen.

==Alternative zum== *Uluru, Australien*

MOUNT AUGUSTUS

Australien

Der spektakuläre Mount Augustus erhebt sich 715 Meter aus dem ockerfarbenen Wüstenboden. Der gewaltige Monolith sieht zwar aus wie sein berühmterer Cousin Uluru, ist aber doppelt so groß.

Die Wadjari nennen den stattlichen Berg Burringurrah nach einer Gestalt aus der Traumzeit. Anders als beim Uluru, der für Aborigines eine große spirituelle Bedeutung hat und dessen Besteigung deshalb unerwünscht ist, kann man den Gipfel des Burringurrah ohne Weiteres erklimmen – mit entsprechender Kondition. Für den zwölf Kilometer langen Weg

Im Sonnenuntergang erstrahlt der Mount Augustus rot

sollte man etwa acht Stunden einplanen. Einfachere Wanderungen umrunden den Berg. Vielleicht entdeckt man dabei sogar Emus, Rote Riesenkängurus und Nager.

In der Nähe des Bergs gibt es eine Reihe von Felszeichnungen. Ein 49 Kilometer langer Fahrweg, der eine Schleife um den Mount Augustus zieht, führt an den Aborigines-Gemeinden Beedoboondu, Ooramboo und Mundee vorbei mit uralten Felszeichnungen der Wadjari.

Immer noch Lust auf den Uluru?

Das Camp Longitude 131° (www. longitude131.com.au) wird von einem Aborigine-Künstler bewohnt und wurde so angelegt, dass die Umwelt möglichst wenig beeinträchtigt wird.

So kommst du hin
Für die Fahrt von Carnarvon (470 km) oder Meekatharra (354 km) in Westaustralien zum Mount Augustus braucht man ein paar Tage und ein Allradfahrzeug.

https://exploreparks. dbca.wa.gov.au

*Wer sich für die Geologie der Halong-Bucht interessiert,
sollte lieber die chinesische Li-Jiang-Bucht besuchen,
wo sich ähnlich markante Kalksteinhügel aus dem Wasser
erheben, aber weit weniger Touristenboote den Blick stören.*

Alternative **zur** *Halong–Bucht, Vietnam*

LI JIANG

China

Der Li Jiang fließt durch den oberen Teil des Perlflussbeckens von Guanxi und schlängelt sich durch Kalksteinhügel und hoch aufragende Gipfel, von denen viele in smaragdgrüne Wälder gehüllt sind. Die Landschaft ähnelt der beliebten Halong-Bucht in Vietnam, ist aber noch faszinierender.

Im Lauf der Jahrtausende hat der Fluss hier riesige Bogen in die Felsen gegraben. Der berühmteste ist der Elefantenrüsselberg, der so aussieht wie ein trinkender Elefant. Unter der Erde befinden sich riesige Höhlen mit Stalaktiten und Stalagmiten, die so großartig sind, dass sie eine kirchenähnliche Atmosphäre verströmen.

Kreuzfahrten auf dem Li Jiang geben auch einen Einblick in das ländliche China: Wasserbüffel baden im seichten Wasser, während Kormoranfischer mit ihren Vögeln zusammenarbeiten.

Immer noch Lust auf die Halong-Bucht?

Auf einer Kajaktour ist man viel flexibler und kommt auch näher an die Felsformationen heran.

Elefantenrüsselberg, eine von vielen vom Li Jiang in den Kalkstein-felsen gegrabenen Formationen

So kommst du hin
Die reizvollste Fahrt ist die von Guilin nach Yangshuo. In Guilin gibt es einen Flug-hafen (mit Flügen nach Hongkong und Beijing) und einen Bahnhof, von dem aus Hochgeschwindig-keitszüge in die größeren Städte fahren.

AUCH SEHENSWERT

RAJA AMPAT
Indonesien
Der Archipel Raja Ampat, was so viel wie »vier Könige« bedeutet, vereint grüne Inseln mit türkisfarbenem Wasser und einer vielfältigen Unterwasserwelt.

WULINGYUAN
China
Wulingyuan ist wie die Halong-Bucht – nur ohne Wasser: Mehr als 3000 Felsformationen ragen als baumbestandene Türme aus einer Schlucht.

CHILENISCHE
SEEN

*Italiens herrliche Seen sind ein Synonym für Schön-
heit und Luxus, aber wenn es um natürliche Pracht
geht, sind sie den vulkanischen Wundern Chiles nicht
gewachsen. Entdecke bei einem Ausflug abseits der
Touristenpfade diese verlockende Landschaft.*

Alternative zu den oberitalienischen Seen, Italien

CHILENISCHE
SEEN

Chile

Umgeben von hohen Bergen und bewacht
von mittelalterlichen Burgen – Nord-
italiens Seen mit den luxuriösen Villen am
Ufer sind herrlich, doch neben den spektakulären Seen Chiles verblasst ihr Reiz.
Dort, am Ende der Welt, findet man eine
märchenhafte Region mit schimmernden
blauen Gewässern, smaragdgrünen Wäldern, Andengipfeln und kochend heißen
Quellen am Fuß schwelender Vulkane. Die
oberitalienischen Seen mögen die Roman-
tiker inspiriert haben, Chiles traumhaftes
Land aus Feuer und dunkelblauem Wasser ist dagegen seit Jahrtausenden eine
Quelle von Legenden.

Auf der Reise durch Chiles Seenregion
erlebt man zwischen Temuco im Norden
und Puerto Montt im Süden eine selten
ursprüngliche, schöne Natur. Wie verzaubert schimmern die tiefblauen, klaren
Wasserflächen am Fuß hoher Vulkane. An
ihren Ufern liegen Stränden aus schwar-
zem vulkanischem und feinem weißem

Sand. Zwischen Wald und bedrohlich
rauchenden Gipfeln barfuß zu laufen, ruft
ein geradezu kindliches Vergnügen hervor.

Der Eindruck von ungezähmter, ele-
mentarer Natur vertieft sich noch einmal
an den Hängen der Vulkane oberhalb
der Seen. Straßen führen zu Kurorten
in den Bergen, wo man sich in heißen
Quellen verwöhnen lassen kann. Die Berge
mit ihren stillen Wäldern, versteckten
Wasserfällen, Sturzbächen und alten
Araukariengehölzen lassen sich auch zu
Pferd erkunden. Wanderwege führen zu
den Gipfeln der großen Vulkane Villarrica
und Osorno, die den Mapuche, den stolzen
indigenen Bewohnern des Seendistrikts,
heilig sind. Wer in die brodelnden Krater
auf Gaseruptionen und glühendes Magma
hinabschaut, hat das Gefühl, tief ins Herz
der Erde zu blicken.

In dieser landschaftlich reizvollen
Region gibt es eine Reihe malerischer
Städte, die sich für romantische Zwischen-

*Der Vulkan Puntiagudo-
Cordón Cenizos erhebt
sich über dem Lago Todos
los Santos*

stopps auf Reisen rund um die Seen eignen. In vielen von ihnen stehen alte Holzkirchen, die im 19. Jahrhundert von deutschen Kolonisten errichtet wurden. Viel verlockender für müde Reisende sind jedoch die köstlichen regionalen Speisen und die guten chilenischen Weine.

Immer noch Lust auf die oberitalienischen Seen?

Weil die Region so gut zu erreichen ist, wird sie in der Hochsaison (Juni – Sep) von Urlaubern überrollt. Dann steigen die Preise ins Uferlose. Um den Menschenmassen zu entgehen, sollten man in den Sommermonaten den Besuch eines kleineren Sees wie des Lago d'Iseo anstelle des berühmten Gardasees in Betracht ziehen.

So kommst du hin
Flüge ins chilenische Seengebiet gibt es täglich von Santiago zum Flughafen von Temuco. Hier kann man ein Auto mieten oder mit dem Bus fahren.

www.chile.travel

FISH RIVER
CANYON

Afrikas größtes Naturwunder ist nach seinem berühmten Cousin, dem Grand Canyon in Arizona, der zweitgrößte Canyon der Welt, bietet aber im Süden Namibias eine betörende, isolierte Schönheit.

Alternative **zum** Grand Canyon, USA

FISH RIVER CANYON

Namibia

Der Grand Canyon in Arizona ist die größte und berühmteste Schlucht der Welt, aber im Süden Namibias gibt es einen Canyon, der fast genauso groß ist – den Fish River Canyon. Den herrlichen Fish River Canyon, der unmittelbar nördlich der Grenze zu Südafrika zwischen der Namib- und der Kalahari-Wüste liegt, erreicht man über Straßen, die durch weite, karge Landschaften führen, in denen nur gelegentlich ein paar Wüstenpflanzen und Kakteen zu sehen sind. Aufgrund der Abgeschiedenheit ist es gut möglich, dass man die Gegend ganz für sich allein hat.

Der Canyon entstand durch die Abtragungen des Flusses und den Zusammenbruch des Talbodens durch eine Verschiebung in der Erdkruste vor etwa 500 Millionen Jahren. Er ist 160 Kilometer lang, bis zu 27 Kilometer breit und 550 Meter tief. Mehrere Aussichtspunkte entlang des Canyonrands bieten einen Blick in die Schlucht, am besten erkundet man den Canyon aber auf einer mehrtägigen Wanderung. Das kann ganz schön anstrengend sein: Es gibt keine sanitären Einrichtungen, und man muss alle seine Sachen mitnehmen. Die beste Zeit für einen Besuch ist der Winter (Juni – Sep), wenn die Temperatur viel kühler und das Wetter trockener ist als in den extrem heißen Sommermonaten.

Vom Camp Hobas am nördlichen Ende führt der Weg über einen sehr steilen Pfad hinunter und schlängelt sich entlang des sandigen Flussbetts zwischen den hoch aufragenden Canyonwänden bis zu den Ai-Ais Hot Springs. Bei der Wanderung durch kastanienfarbenen Sand, vorbei an roten und orangefarbenen Felsformationen und spärlichen Wüstenbüschen, fühlt man sich in dieser gigantischen Schlucht

Wanderung entlang des Flussbetts durch die herrliche Landschaft

Die spektakulären Felsformationen des gigantischen Fish River Canyon, der vom Fish River geformt wurde

winzig. Die einzigen Geräusche sind die Rufe zahlreicher Vogelarten. Schreiseeadler, Graufischer, Goliathreiher und zahllose andere Vögel ziehen ihre Kreise. Was die Tierwelt anbelangt, werden die meisten Wanderer auch auf Wildpferde, Zebras, Paviane, Springböcke, Klippspringer oder Kudus stoßen.

Am südlichen Ende des Wegs liegen die Ai-Ais Hot Springs. Und das herrliche Gefühl, die müden Glieder im natürlichen Heilwasser zu baden, das reich an Chlorid, Fluorid und Schwefel ist, entschädigt für die anstrengende Wanderung.

Immer noch Lust auf den Grand Canyon?

Am Aussichtspunkt Shoshone Point, der nur einen kurzen Spaziergang von der Nordseite des Desert View Drive entfernt liegt, ist normalerweise nicht so viel los.

So kommst du hin
Vom Flughafen in Windhoek sind es acht Stunden Fahrt zum Fish River Canyon. Mehrere Unternehmen organisieren Touren.

www.namibia-tourism.com

AUCH SEHENSWERT

WAIMEA CANYON
USA
Hawaiis »Grand Canyon des Pazifiks«, der das grüne Tal von Kaua'i fast in zwei Hälften teilt, bietet eine erstaunliche, sich ständig verändernde Farbenpracht. Die Aussicht auf den Ozean ist grandios.

COPPER CANYON
Mexiko
Der Copper Canyon besteht aus sechs verschiedenen Canyons, deren Felswände grün und kupferfarben sind. Es gibt viele Kiefern und Eichen, aber erst im Oktober, wenn die Wildblumen blühen, kommt die Landschaft so richtig zur Geltung.

COAL MINE CANYON
USA
Der Coal Mine Canyon liegt in der Wüste im Nordosten von Arizona an der Grenze zwischen den Hopi- und Navajo-Reservaten. Atemberaubende Farben, spiralförmige Formationen und die Texturen der Sandsteinfelsen sind eine wahre Augenweide.

ORINOCO

Kein Zweifel – der Amazonas verspricht ein episches Abenteuer. Aber wie sieht es mit der Tierbeobachtung aus? Dafür lohnt der Weg zum Orinoco, einem Fluss, in dem es von Pflanzen und Tieren nur so wimmelt.

Alternative zum Amazonas, *Südamerika*

ORINOCO

Venezuela

In der Sprache des indigenen Volks der Warao bedeutet Orinoco »ein Ort zum Paddeln« – und das ist er auch. Dieser riesige Fluss bietet mehr Möglichkeiten, die erstaunliche Tierwelt und die Landschaften Südamerikas aus nächster Nähe zu erleben, als der berühmtere Amazonas. Zwar wartet der Amazonas mit einem bemerkenswerten biologischen Reichtum auf, doch ist er auf weiten Strecken entweder nicht zugänglich oder nur mit horrendem finanziellem Aufwand erreichbar. Der größtenteils schiffbare Orinoco ist dagegen leicht zu erkunden.

Auf seinem Weg zur Mündung am Atlantik durchfließt der Strom, der sich in einem Bogen durch Venezuela und vorbei an Kolumbien schlängelt, eine atemberaubende topografische Bandbreite: von den hohen Parima-Bergen an der Grenze zu Brasilien über tropische Wälder bis

zu feuchten Ebenen (*llanos*), sumpfigen Deltas und Mangroven. Wirklich unglaublich ist die Vielfalt von Fauna und Flora, Mikroklimata und Geländeformen im riesigen, über 880 000 Quadratkilometer großen Becken des Orinoco.

Hier findet man eines der letzten unberührten Ökosysteme der Erde (auch wenn das nicht mehr lange der Fall sein wird, da es zunehmend durch Abholzung bedroht ist). Regelmäßig werden spannende neue Arten entdeckt. Bei der letzten Zählung wurden in dem noch immer weithin unerforschten Flussgebiet mehr als 10 000 Pflanzen-, 1400 Vogel-, 1200 Fisch- und mindestens 340 Säu-

Ein Grünarassari, der in den Tieflandwäldern am Ufer des Orinoco gesichtet werden kann

getierarten registriert. Wer seine Augen offen hält, sieht ziemlich sicher Alligatoren, Flussdelfine, Boas, Reiher, Tukane, Brüllaffen, Kapuzineraffen und Pumas – das ist mehr als am Amazonas, wo das Laub so dicht ist, dass man kaum etwas erkennen kann. Einer der besten Orte, um diese reiche Tierwelt zu beobachten, ist das Orinoco-Delta, der Sumpfwald an der Flussmündung. Viele halten es für das artenreichste Gebiet Südamerikas, was das Leben im Wasser angeht.

In einem kleinen Boot gleitet man durch den üppigen Wald im Orinoco-Delta

Immer noch Lust auf den Amazonas?

Der Amazonas ist aufgrund seiner schieren Größe ein beeindruckender Anblick. Eine Möglichkeit, den längsten Fluss Südamerikas zu besuchen, besteht darin, nach Manaus in Brasilien zu fliegen und dort die Reise zu beginnen. Die zentrale Lage der Stadt und zahlreiche Reiseveranstalter erleichtern die Planung.

So kommst du hin
Am Flughafen in Ciudad Guayana, Venezuela, beginnt die Reise zur Mündung des Orinoco.

AUCH SEHENSWERT

RÍO PARAGUAY
Südamerika

Der Río Paraguay, ein weiterer legendärer Fluss Südamerikas und Tor zu den brasilianischen Ökosystemen Pantanal und Mato Grosso, ist eine faszinierende Alternative für alle, die etwas weniger Dschungel und mehr offenen Raum wünschen.

HUANG HO
China

Eine atemberaubende Berglandschaft und die Möglichkeit, alte und moderne Zivilisationen nebeneinander zu sehen, bietet der »Gelbe Fluss«, Chinas Lebensader. Er fließt vom Bayan-Har-Gebirge über 5500 Kilometer nach Osten.

ALLAGASH RIVER
USA

Der 150 Kilometer lange Fluss mag zwar recht kurz sein, doch seine Erkundung ist aufregend. Mit seinen Stromschnellen, dem schwarzen Wasser und dem trügerisch ruhigen Erscheinungsbild nötigt der Allagash an jeder Biegung Respekt ab.

SOL DE MAÑANA

Während Islands Vulkane und heiße Quellen im Rampenlicht stehen, ist Bolivien das Narnia der geothermischen Welt. Weit abseits ausgetretener Pfade sind das fantastische Geysirfeld von Sol de Mañana und die Landschaft, die es umgibt, etwas für die Ewigkeit.

Alternative zu Island

SOL DE MAÑANA

Bolivien

Island mag einige der größten geothermischen Aktivitäten der Welt aufweisen, aber diese Naturwunder werden auch von vielen Menschen bestaunt. Im Hinterland von Südwest-Bolivien geht es hingegen viel ruhiger zu.

Das Geysirfeld Sol de Mañana ist ein wahrer Rausch geothermischer Kraft. Aus Spalten in der Erdkruste entweichen Strahlen brühend heißen Dampfs, die bis zu 15 Meter hoch in die Luft zischen. Währenddessen blubbern die Schlammtöpfe in den unterschiedlichsten Farben, von Himmelblau über Trübgrau bis Blutrot. Diese Tümpel sind über ein weites Plateau verstreut und bilden lebhafte Farbtupfer im Kontrast zu den ockerfarbenen Felsen der Landschaft. Am Horizont trägt eine Reihe perfekt kegelförmiger Stratovulkane zu dem jenseitigen Erscheinungsbild bei, so als wäre man nicht auf der Erde, sondern auf dem Mars.

Sol de Mañana liegt meilenweit von jeglicher Zivilisation entfernt und wird jedes Jahr nur von etwa 140 000 Touristen besucht – ein Bruchteil derer, die die Vulkanlandschaft Islands erkunden. Die meisten kommen in das wilde, geothermische Gebiet im Rahmen einer Tour zu den Naturwundern der Region, die in der Stadt Uyuni beginnt. Zu weiteren sehenswerten Stationen gehört die Laguna Colorada, ein See, dessen Wasser im Kontrast zu den weißen Borax-Inseln und dem leuchtenden Rosa der Flamingos, die sich im salzigen Wasser tummeln, in einem intensiven Algenrot leuchtet. Auf einem Hochplateau in der Nähe, auf dem Vikunjas umherstreifen, erheben sich Felsen in bizarren Formen aus der Wüste, die vom Wind und Sand geschliffen wurden – Salvador Dalí und seine surrealistischen Freunde hätten eine riesige Freude an dem Anblick gehabt.

Von oben rechts im Uhrzeigersinn
Das dampfende Geysirfeld Sol
de Mañana; Fahrt entlang
der schillernden Salzebenen
des Salar de Uyuni; Flamingos
in der Laguna Colorada

Auch am Salar de Uyuni, etwas weiter nördlich, wird haltgemacht. Hier liegen die größten Salinen der Welt, die die Erde mit kristallklarem, schneeweißem Salz überziehen. Die auf natürliche Weise entstandenen sechseckigen Felder erinnern an ein riesiges Brettspiel.

Immer noch Lust auf Island?

Da es in Island in den Sommermonaten kaum dunkel wird, sollte man die berühmtesten Geysire wie den Strokkur in einer Juni- oder Juli-Nacht besuchen.

So kommst du hin
Der Flug von La Paz nach
Uyuni dauert weniger als
eine Stunde. Züge und Busse
sind ebenfalls eine Option.

www.salardeuyuni.com

*Der Mindo-Nambillo-Nebelwald ist eine unberührte
Welt voller endemischer Arten und so, wie sein
Pendant in Costa Rica war, bevor es berühmt wurde.
Der Nebelwald in Ecuador verspricht ebenfalls eine
Fülle an Aktivitäten – und köstliche Schokolade.*

Alternative zum *Monteverde-Nebelwald, Costa Rica*

MINDO-NAMBILLO-NEBELWALD

Ecuador

Versteckt in Ecuador, einem der Länder mit der größten Artenvielfalt der Welt, liegt der außergewöhnliche Mindo-Nambillo-Nebelwald. So verblüffend wie seine atemberaubende Schönheit ist die Tatsache, dass er so wenig bekannt ist – doch das könnte sich bald ändern. Auf einer Fläche von fast 20 000 Hektar beherbergt das Schutzgebiet einen überwältigenden Reichtum an einheimischen Pflanzen, darunter einige der seltensten Orchideen der Welt, und an Tieren. Viele Arten galten bereits als ausgestorben, haben hier jedoch überlebt. Die »Wolkenwälder« *(bosques nubosos)* sind ebenfalls von einer üppigen Vegetation bedeckt: Moose, Flechten, Farne, Schlingpflanzen, Bromelien und Epiphyten wickeln sich um die Baumstämme, während wirbelnde Nebelwolken die Baumkronen einhüllen.

Die kleine Stadt Mindo liegt am Westhang des Vulkans Pichincha, weniger als 100 Straßenkilometer von der Hauptstadt Quito entfernt, und ist das Tor zu diesem Teil von Ecuadors Nebelwäldern. Obwohl die *bosques nubosos* alles andere als unentdeckt sind – sie sind ein beliebtes Ausflugsziel von Quito –, werden sie von weniger Menschen besucht als ihre Pendants in Costa Rica, deren Pfade oft überfüllt sind. Im Gegensatz zu den Wäldern in anderen Ländern gibt es hier auch strenge Vorschriften: Es gibt weder Massen von Führern noch Fünf-Sterne-Luxushotels. Die Regierung hat im Park eine Pufferzone eingerichtet, die erste ihrer Art in Südamerika, in der Besucher übernachten und sich mit Vorräten eindecken können. Führer sind nur dann zugelassen, wenn sie umfangreiche Prüfungen bestanden haben.

*Wolken ziehen über ein Tal
im grünen Mindo Nambillo
Cloud Forest Reserve*

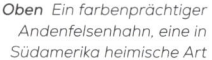

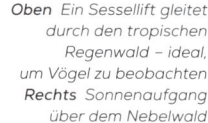
WUNDER DER NATUR

Die Nebelwälder um Mindo sind vor allem für ihre reiche Vogelwelt bekannt. Mehr als 500 Arten wurden in der Region gesichtet, darunter zahlreiche Kolibris und der seltene Langlappen-Schirmvogel, der, wie der Name schon sagt, einen langen baumelnden Kehllappen und ein Büschel auf dem Kopf hat. Der berühmteste Vogel der Region ist der charismatische Andenfelsenhahn. Die Männchen, die dank ihres auffälligen roten oder orangefarbenen Gefieders leicht zu erkennen sind, führen unverwechselbare »Tänze« auf und geben schrille Laute von sich, um Rivalen herauszufordern und eine Partnerin anzulocken. Diese fesselnde Balz zu beobachten, ist ein faszinierendes Erlebnis. Es ist nicht schwer, Vögel zu entdecken, aber um die Chancen zu erhöhen, diese ungewöhnlichen Arten zu sehen, lohnt es sich, die Dienste eines erfahrenen Führers in Anspruch zu nehmen.

In den Wäldern sieht man auch unzählige Gruppen von Brüll-, Kapuziner- und Klammeraffen sowie Raubkatzen wie Pumas und Ozelots. Mit etwas Glück erhascht man auch einen Blick auf den scheuen Brillenbären, der Inspiration für Paddington Bär war.

Neben der Beobachtung von Vögeln und Wildtieren gibt es in der Umgebung von Mindo eine große Auswahl an Aktivitäten, darunter Seilrutschen, Mountainbike-Touren und Wildwasser-Rafting. Braucht man nach all der körperlichen Betätigung einen Energieschub, bieten sich köstliche Leckereien aus lokal angebautem Kakao an.

Geschichtsinteressierte werden sich auch darüber freuen, dass es in der Region um Mindo zahlreiche archäologische Stätten gibt, die auf die Inka- und Prä-Inka-Kultur zurückgehen, etwa ein Zeremonialkomplex, der von den Yumbo,

Unten *Einer der vielen Wasserfälle, die in Kaskaden durch den Nebelwald stürzen*

einer um 800 v. Chr. entstandenen Gesellschaft, im Dorf Tulipe errichtet wurde. In der Nähe befinden sich die Ruinen einer Reihe von versunkenen Becken, die die Yumbo-Astronomen als riesige Spiegel benutzt haben sollen, um die Bewegungen von Sonne, Mond und Sternen zu studieren. Diese faszinierenden Stätten verdeutlichen die schiere Vielfalt der Nebelwälder um Mindo.

Immer noch Lust auf den Monteverde-Nebelwald?

Die Nebelwälder von Monteverde ziehen zwar viele Besucher an, sind aber trotzdem wunderschön. Um sie abseits von Menschenmassen zu sehen, sollte man weniger touristisch erschlossene Gebiete wie das Santa-Elena-Reservat besuchen.

So kommst du hin
Busse verbinden Mindo in der Provinz Pichincha in etwa zwei Stunden mit Quito. Man kann auch am Flughafen in Quito ein Taxi mieten.

www.ecuador.travel

AUCH SEHENSWERT

BORNEOS DSCHUNGEL
Brunei, Indonesien und Malaysia
Die Regenwälder auf Borneo, die den größten Teil der Insel bedecken, gehören zu den am wenigsten erforschten und artenreichsten der Welt.

MATA ATLÂNTICA
Brasilien
Das Weltbiosphärenreservat beherbergt mehr als 40 Prozent der bekannten Baumarten. Es gibt hier auch viele seltene Pflanzen und Wildtiere.

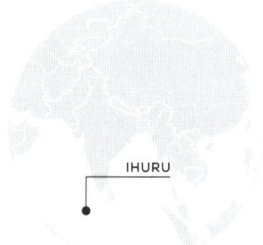

IHURU

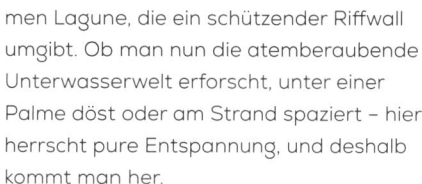

Auf Ko Phi Phi wurde zwar »The Beach« gedreht, aber man muss das traumhafte Inselparadies immer mit vielen anderen Menschen teilen. Ihuru ist dagegen wie ein friedliches Idyll.

Alternative zu *Ko Phi Phi, Thailand*

IHURU

Malediven

Es gibt vier wesentliche Zutaten für das perfekte Inselparadies – Sand, Meer, Sonne und Abgeschiedenheit. Ihuru hat sie alle. Auf dieser einsamen Insel machen nur die Brandung an den Riffen in der Ferne und die raschelnden Palmwedel Lärm. Und der einzige Grund, sich zu bewegen, ist die ankommende Flut. Brandung und Palmen bietet zwar auch die thailändische Insel Ko Phi Phi, aber der ständige Strom von Ausflugsbooten ist das nautische Äquivalent zur Rushhour in der Innenstadt von Bangkok.

Ihuru ist die Spitze eines Unterwasservulkans und eigentlich weniger eine Insel als ein Strand mit Schatten. Es liegt in einem Mini-Atoll und besteht nur aus einem Palmenhain, um den ein schneeweißer Sandstreifen verläuft. Ihuru hat keine Strände – die ganze Insel ist ein einziger Strand in einer türkisfarbenen, war-

men Lagune, die ein schützender Riffwall umgibt. Ob man nun die atemberaubende Unterwasserwelt erforscht, unter einer Palme döst oder am Strand spaziert – hier herrscht pure Entspannung, und deshalb kommt man her.

Das einzigartige Tourismusmodell der Malediven erlaubt auf jeder Insel nur eine einzige Ferienanlage. Auf Ko Phi Phi dagegen schießen Hotels wie Pilze aus dem Boden. Die Atmosphäre der Anlage auf Ihuru ist höchst privat und abgeschieden. In den Bungalows unter den Palmen des noblen Angsana Ihuru Resorts quartiert sich gern der Jetset ein, um sich von geschickten Händen

Luftaufnahme von Ihuru und der benachbarten Insel Vabbinfaru, umgeben von Korallenriffen

RADHANAGAR BEACH, HAVELOCK ISLAND, ANDAMANEN
Indien

Radhanagar ist ein unberührter, von Bäumen gesäumter Sandstrand auf der Insel Havelock im Golf von Bengalen. Die Gewässer vor der Küste sind reich an Meereslebewesen.

GOLDEN BEACH
Nordzypern

Seit der Teilung der Insel 1974 hat sich in Nordzypern wenig verändert. Mehr Schildkrötenspuren als Fußabdrücke kennzeichnen den Sand an dem Strand auf der Halbinsel Karpas, den man wahrscheinlich ganz für sich allein hat.

SANDAY, ORKNEYINSELN
Großbritannien

Stell dir eine Insel vor, die zwei Kilometer breit und 20 Kilometer lang ist, umgeben von weißem Sand und dem warmen Wasser des Golfstroms – und das in Schottland. Das abgelegene Sanday zeigt sich im Sommer von seiner besten Seite.

im Spa durchkneten und verwöhnen zu lassen oder am einsamen Strand in einem maledivischen Schaukelsitz zu schwingen.

Ihuru ist sicherlich luxuriös, aber die Gebäude des Resorts liegen wie Kokosnüsse zwischen den Palmen verstreut, und die ersten morgendlichen Fußabdrücke sind wahrscheinlich deine eigenen. Der Sinn und Zweck eines Inselurlaubs besteht darin, dem Alltag zu entfliehen – aber wer will schon mit allen anderen dem Alltag entfliehen?

Immer noch Lust auf Ko Phi Phi?

Ko Phi Phi ist wunderschön. Wer dem Drang, die Insel zu sehen, nicht widerstehen kann, sollte lieber die kleineren, intimeren Buchten und abgelegenen Resorts in Hat Laem Thong und Ao Lo Bakao besuchen als die stark bebauten Strände entlang der sandigen Landenge der Insel.

Der palmengesäumte Sandstrand und das kristallklare Wasser von Ihuru

So kommst du hin
Vom Flughafen Malé auf der Insel Hulhulé geht es mit dem Schnellboot in 20 Minuten nach Ihuru.
https://visitmaldives.com

FERNANDO
DO NORONHA

Die Inselgruppe Fernando de Noronha vor der Nordost-Küste Brasiliens ist fast ein Spiegelbild der Galápagos-Inseln. Auf den ungezähmten Inseln fühlt man sich in der Zeit zurückversetzt und taucht in unberührte Natur ein.

Alternative zu den *Galápagos-Inseln, Ecuador*

FERNANDO DE NORONHA

Brasilien

Der Archipel Fernando de Noronha ist das atlantische Gegenstück zu den weltberühmten pazifischen Galápagos-Inseln. Seine 21 vulkanischen Inseln und Inselchen liegen knapp südlich des Äquators rund 360 Kilometer vom brasilianischen Festland entfernt. Wie auf Galápagos kann man auf dieser unbekannteren Inselenklave fabelhafte Begegnungen mit der Tier- und Pflanzenwelt erleben, doch die Besucherzahl ist auf 500 pro Tag beschränkt.

Die Galápagos-Inseln besucht man am besten auf Kreuzfahrten. Auf Fernando de Noronha quartiert man sich idealerweise in einer *pousada* auf der Hauptinsel ein, macht mit einem hölzernen Fischerboot Ausflüge zu den Nachbarinseln, fährt mit einem Dune-Buggy an unberührten Stränden entlang oder erkundet die Wanderwege und unbefestigten Straßen zu Fuß oder mit dem Mountainbike.

Die Inseln sind unglaublich malerisch: Schroffe Zinnen ragen in den Himmel, Felsklippen umrahmen idyllische Strände wie die Praia do Leão, an denen Meeresschildkröten von Dezember bis Mai ihre Eier ablegen. Abertausende Zugvögel gesellen sich zu den Strandvögeln, zu denen prachtvolle Fregattvögel und Rotschnabel-Tropikvögel ebenso zählen wie Weißbauch-, Masken-, Rotfuß- und Blaufußtölpel. Fernando de Noronha weist die höchste Dichte an tropischen Seevögeln im Westatlantik auf.

Und die Baía dos Golfinhos beherbergt die dichteste Delfinpopulation der Welt. Fährt man kurz nach der Morgendämmerung hinaus, sieht man mit etwas Glück Spinnerdelfine und sogar Wale, die sich in Ufernähe tummeln.

Das türkisfarbene Wasser, die malerischen Felsen und die zahlreichen Inselchen des paradiesischen Archipels Fernando de Noronha

Ein Spinnerdelfin, die häufigste Delfinart, die im Archipel zu sehen ist

Der Tafelberg trägt zwar diesen Namen, ist aber bei Weitem nicht der einzige flache Gipfel der Welt. Der Monte Roraima zeichnet sich durch einige der ältesten Felsformationen der Welt aus.

Alternative zum
Tafelberg, Südafrika

MONTE RORAIMA

Venezuela

Der im venezolanischen Parque Nacional Canaima gelegene Monte Roraima ist der höchste der Tafelberge oder *tepuis* (»Häuser der Götter« in der Sprache der Pemón-Völker) im Hochland von Guayana. Auf geführten Wanderungen gelangen Unerschrockene über einen steilen, zerklüfteten Pfad auf den flachen Gipfel, der sich über eine Fläche von 30 Quadratkilometern erstreckt. Von hier hat man einen spektakulären Blick auf Venezuela, Guyana und Brasilien. Bei einer Wanderung über das Plateau entdeckt man Wasserfälle, Felsen mit interessanten Formen, die vor zwei Milliarden Jahren entstanden sind, und insektenfressende Pflanzen.

Im kristallklaren Wasser wimmelt es auch von anderen Meeresbewohnern. Riesige Schwärme von bunten Fischen flitzen umher, Rochen gleiten über den sandigen Meeresboden, und Schildkröten paddeln unter den Wellen. Die Praia do Atalaia mit seichtem und ruhigem Wasser ist ideal zum Schnorcheln.

Immer noch Lust auf Galápagos?
Kleine Charterboote mit örtlichen Führern sind intimer als große Kreuzfahrtschiffe. Auf den Inseln sollte man auf den markierten Wegen bleiben, nichts berühren oder Wildtiere füttern.

So kommst du hin
Der Aeroporto Fernando de Noronha wird von Natal und Recife auf dem Festland angeflogen.
www.noronha.pe.gov.br

Immer noch Lust auf den Tafelberg?
Eine Wolkendecke kann die Sicht einschränken und starker Wind den Betrieb von Seilbahnen verhindern.

So kommst du hin
Vom Flughafen Santa Elena de Uairén fährt der Bus nach Paratepui, wo man Führer mieten kann.

https://national-parks.org/ venezuela/canaima

WUNDER DER NATUR

Willst du die herbstlichen Farbtöne in ihrer ganzen Pracht sehen? Die Herbstfarben in Neuengland sind ein wahrer Augenschmaus, aber auch die Laurentian Mountains bieten eine atemberaubende Laubfärbung.

Alternative zum *Herbst in New England, USA*

HERBST IN DEN LAURENTIAN MOUNTAINS

Kanada

Die Wälder New Englands sind vielleicht die erste Anlaufstelle für ein farbenfrohes Herbstspektakel, aber die oft übersehenen Laurentian Mountains bieten ein ebenso schönes Bild. Das mit dichten Wäldern bedeckte und von eisblauen Seen durchzogene Gebirge bei Québec ist weitläufig und kaum bevölkert – selbst in der schönsten Jahreszeit.

Wenn die Temperaturen allmählich in den einstelligen Bereich sinken und die Luft frisch wird, zeigen die Bäume hier einen leuchtenden Farbwechsel. Im Kontrast zum tiefblauen Himmel leuchten rote Ahornbäume, orangefarbene Birken und goldgelbe Lärchen in der Landschaft. Und während in New England die Wege voller Ausflügler sind, bleiben die Wälder in Kanada still. Die wenigen Laubsammler, die sich hierher wagen, verteilen sich in der herrlichen Landschaft: Sie wandern zu Aussichtspunkten, schweben in Gondeln über die Landschaft oder sausen auf Seilrutschen durch die Bäume.

Immer noch Lust auf New England?

Um Herbstfarben ohne Menschenmassen zu bewundern, sollte man die Straße verlassen und auf einen Berg fahren. Der Percy Peaks Trail in New Hampshire bietet atemberaubende Aussichten.

Das Kaleidoskop der Farben in den Laurentian Mountains in Québec

So kommst du hin
Die Laurentian Mountains liegen etwas mehr als eine Autostunde nördlich von Québec und zwei Stunden von Montréal entfernt.

www.laurentides.com

*Japans berühmte Kirschblüte mag im Frühling die
Aufmerksamkeit auf sich ziehen, aber die erwachende
Natur zeigt sich überall auf der Welt – etwa riesige,
blaue Hortensien auf den Azoren.*

Alternative zur *Kirschblüte in Japan*

HORTENSIEN AUF DEN AZOREN

Portugal

*Große, farbenpräch-
tige Hortensien auf
der »Blauen Insel«*

Die Blumenpracht des Frühlings ist einfach spektakulär, und nirgendwo ist das
mehr der Fall als während der Kirschblüte
in Japan. Wenn man jedoch die Früh-
lingsblüte ohne Menschenmassen erleben
möchte, sollte man auf die Azoren reisen.
Ab April sind die Hügel und Täler mit
Hortensien übersät, Tausende von blauen,
violetten und weißen Blüten, die im Juli
ihren Höhepunkt erreichen.

Hortensien sind ein Symbol der Region
und wachsen hier in Hülle und Fülle. Sie
säumen die Täler im Inselinneren und
unterteilen Felder anstelle von Zäunen.
Die spektakulärste Blütenpracht findet
man auf Faial. Durch einen Vulkanaus-
bruch in den 1950er Jahren wurde der
Boden hier saurer und die Pigmentierung
der Blütenblätter dadurch noch auffälliger.

Immer noch Lust auf Japan?

Der Park Shinjuku Gyoen in Tokio ist dank
seiner früh und spät blühenden Bäume
ein guter Ort, um die Kirschblüte jenseits
der Hauptsaison zu genießen.

So kommst du hin
*Von Lissabon kann man
nach Faial fliegen. Zwi-
schen den Azoreninseln
verkehren Flugzeuge und
Fähren.*

www.visitazores.com

AUCH SEHENSWERT

TULPEN
Türkei
Istanbul begann im Jahr 2006
mit der Anpflanzung von Tulpen,
heute ist die türkische Stadt
jeden Frühling mit Millionen
dieser wunderschönen gelben,
weißen, roten und violetten
Blumen übersät.

RHODODENDREN
Nepal
Das zerklüftete und abgelegene
Nepal wird jedes Jahr im April
durch die Blüte der farbenfrohen Nationalblume in ein
fotogenes Rosa getaucht.

CHRISTMAS
ISLAND

Die selten besuchten Korallenriffe, die Christmas Island umgeben, sind ebenso prächtig wie die des Great Barrier Reef in Australien – und bieten nebenbei noch jede Menge Tiere, die man beobachten kann.

Alternative zum *Great Barrier Reef, Australien*

CHRISTMAS ISLAND

Australien

Das australische Great Barrier Reef ist unbestritten das berühmteste Korallenriff der Welt – was nicht zuletzt an seiner überwältigenden Größe liegt. Aber größer bedeutet nicht immer besser, stellt man schnell fest, wenn man die unglaubliche Vielfalt der Tierwelt rund um Christmas Island erkundet.

Vom Abgrund des Sundagrabens erhebt sich diese abgelegene, von Regenwald bedeckte Insel majestätisch aus den Tiefen des Indischen Ozeans. Erstaunlicherweise leben hier mehr einheimische Tierarten als auf den Galápagos-Inseln. Das azurblaue Wasser ist ein aquatischer Garten Eden, in dem sich mehr als 200 Korallenarten – darunter Steinkorallen mit einem Durchmesser von über drei Metern – und 600 Arten tropischer Fische finden, ganz zu schweigen von einer Vielzahl anderer Lebewesen wie Spinnerdelfinen, Adlerrochen und Walhaien. Christmas Island ist darüber hinaus einer der wenigen Orte, an denen man Drachenmuränen sowie mehrere seltene endemische Fische sehen kann.

Schon beim Eintauchen in das klare, blaue Wasser stockt einem der Atem. Unter der Wasseroberfläche erstreckt sich ein fantastisches Korallenriff, das in seiner üppigen Farbenpracht fast schon protzig wirkt und scheinbar endlos bis in die Tiefen des Indischen Ozeans reicht. Glitzernde Sonnenstrahlen senden türkisfarbene Streifen durch das Meerwasser. Ein Mantarochen gleitet vorbei, Marmorgarnelen und Falterfische flitzen zwischen Weichkorallen umher, während Lippfische und Zackenbarsche vorbeiziehen. Und vielleicht hört man sogar, wie Papageifische mit ihren schnabelartigen Zähnen die Korallen abweiden.

▶

Ein Schwarm von Sichel-Fahnenbarschen, die man oft zwischen den Korallen von Christmas Island sieht

WUNDER DER NATUR

Niemand sonst wird Zeuge dieser großartigen Begegnungen, denn außer dem Divemaster und seiner Tauchgruppe ist kein Mensch in Sicht – was für ein Unterschied zum weitaus berühmteren, aber ewig überlaufenen Great Barrier Reef! Aber nicht nur das macht die Insel zu einem besonderen Ort. Millionen von Jahren der Erosion haben unzählige Unterwasserhöhlen geschaffen, die eine Vielzahl von Tauchmöglichkeiten jenseits des Riffs bieten. Sie offenbaren eine ganz andere Welt: Bei der Erkundung der Thundercliff Cave muss man erst durch eine Reihe pechschwarzer Grotten voller Stalaktiten und Stalagmiten und dann eine kurze Strecke weiter bis zu einem ungewöhnlichen unterirdischen Strand tauchen. Wer dort seine Taucherausrüstung ablegt und zu Fuß weitergeht, entdeckt bald, dass er sich in einer riesigen Höhle befindet, die so schön und gewaltig wie eine gotische Kathedrale ist.

Oben *Ein Taucher am Eingang der Thundercliff Cave, die zu einer Reihe von Grotten führt*

Hier zeigt sich Christmas Island von der besten Seite – die Naturwunder über dem Wasser sind ebenso beeindruckend wie die unter Wasser. Die ganze Insel ist ein Paradies für Vögel, vom Abbott-Tölpel, dessen gutturaler Ruf den Soundtrack zum Regenwald liefert, bis zum Fregattvogel, dessen Männchen während der Paarungszeit gut an ihren aufgeblasenen roten Kehlsäcken zu erkennen sind.

Vom faszinierenden Zug der rot gefärbten Weihnachtsinsel-Krabben hat die Insel den Spitznamen »Königreich der Krabben«: ein jährliches Spektakel, bei dem Millionen der scharlachroten Wesen aus den Regenwäldern in Scharen zum Meer ziehen, um dort zu laichen. Sie sind nur eine von 20 Krabbenarten, die hier leben, zusammen mit dem fußballgroßen

Links Weihnachtsinsel-Krabben, die zum Laichen zum Meer wandern
Unten Gelber Masken-Pinzettfisch – einer von vielen Hunderten Korallen-fischen in den Gewässern von Christmas Island

GOLF VON AKABA
Jordanien
Akaba liegt an der Spitze des kleinen jordanischen Anteils an der Küste des Roten Meers. Wenn man Richtung saudischer Grenze fährt, findet man unberührte Korallenriffe, die bis an die Küste reichen und den Sand wie Blumenbeete schmücken.

BANDA-INSELN
Indonesien
Die Banda-Inseln waren lange Zeit wegen ihrer Muskatnüsse umkämpft. Die kleine braune Nuss ist immer noch das Lebenselixier der Inseln, aber an zweiter Stelle stehen ihre schillernden, seit Langem geschützten Korallenriffe.

Räuberdieb, dem größten an Land lebenden Krebstier, der seinen Namen der Neigung verdankt, glänzende Gegenstände zu sammeln.

Immer noch Lust auf das Great Barrier Reef?
Fast drei Millionen Menschen besuchen jedes Jahr das Great Barrier Reef. Will man es in einer kleinen Gruppe erleben, sollte man an einer Bootstour teilnehmen, um abgelegene Riffe zu erkunden und Nachttauchgänge zu unternehmen. Man sollte seinen Besuch so planen, dass er mit dem jährlichen Massenlaichen der Korallen zusammenfällt (November oder Dezember).

So kommst du hin
Liegeplätze für Jachten sind das ganze Jahr über verfügbar; ansonsten gibt es Flüge von Perth zur Insel.

www.christmas.net.au

BLUE CORNER
Palau
Früher eine matrilineare Gesellschaft, die als eine der reichsten im Pazifik galt, ist Palau heute ein Magnet für Taucher, die bereit sind, für ihren Sport eine weite Reise auf sich zu nehmen, insbesondere für den berühmten Tauchplatz Blue Corner.

Alternative zu den Vatikanischen Museen, Vatikanstadt

Kapitolinische Museen, Italien

Seite 160

Alternative zu den Höhlenmalereien von Lascaux, Frankreich

Felskunst in den Drakensbergen, Südafrika

Seite 162

Alternative zu New Yorks Broadway, USA

Chicagos Theaterszene, USA

Seite 166

Alternative zum Bolschoi-Theater, Russland

Sakaria-Paliaschwili-Theater, Georgien

Seite 167

Alternative zum Museum of Modern Art, USA

New Museum, USA

Seite 168

Alternative zur Tate Modern, Großbritannien

Zeitz Museum of Contemporary Art Africa, Südafrika

Seite 170

Alternative zum National Museum of Natural History, USA

Museo de La Plata, Argentinien

Seite 172

Alternative zum Museo del Prado, Spanien

Palacio de Liria, Spanien

Seite 173

Alternative zum Teatro alla Scala, Italien

Teatro Amazonas, Brasilien

Seite 174

Alternative zum Louvre, Frankreich

Musée Jacquemart-André, Frankreich

Seite 176

Alternative zum Nationalmuseum, Indien

Patan Museum, Nepal

Seite 177

Alternative zum Van Gogh Museum, Niederlande

Kröller-Müller Museum, Niederlande

Seite 178

KUNST UND KULTUR

Von oben im Uhrzeigersinn
Großer Skulpturensaal im
Palazzo Nuovo; Statue von
Papst Innozenz X. im Palazzo
dei Conservatori; römische
und etruskische Büsten im
Palazzo Nuovo

*Die Vatikanischen Museen sind der Inbegriff von Schönheit,
aber damit geht auch ein großer Besucherandrang einher –
nicht so bei den Kapitolinischen Museen. Sie sind hell und
geräumig und bilden einen eleganten Rahmen für einige der
schönsten Kunstwerke der antiken Welt.*

Alternative zu den *Vatikanischen Museen, Vatikanstadt*

KAPITOLINISCHE MUSEEN

Italien

In den Vatikanischen Museen gibt es
zwar die Sixtinische Kapelle, aber wahrscheinlich steht man eine Stunde in der
Schlange, um sie zu sehen – Zeit, in der
man sich auch die außergewöhnlichen
Sammlungen klassischer Skulpturen und
Gemälde in den Kapitolinischen Museen
ansehen kann. Sie liegen auf dem sanft
ansteigenden Kapitolinischen Hügel und
erstrecken sich über den Palazzo Nuovo
und den Palazzo dei Conservatori. Da es
hier keinen Verkehr gibt und nur wenige
Besucher hierherkommen, ist es relativ
ruhig. Die Vatikanischen Museen auf
der anderen Seite des Tibers wirken im
Vergleich dazu jenseits allen menschli-
chen Maßes.

Im Palazzo Nuovo führt ein unterirdischer Gang zur Galleria Lapidaria, in
der die Überreste des Tempio di Veiove zu
sehen sind. Im Hof des Palazzo dei Conservatori wird man von einem Sammelsurium von Fragmenten einer kolossalen
Statue von Kaiser Konstantin begrüßt.

Die Museen sind ein Füllhorn an Schönheit und Geschichte. Die Historie Roms
wird etwa anhand von Fresken aus dem
16. und 17. Jahrhundert in der Sala degli
Orazi e Curiazi erzählt. Es folgt die Gemäldegalerie mit Tizians *Taufe* und Garofalos
Mariä Verkündigung.

Immer noch Lust auf die
Vatikanischen Museen?

Bei einer Gruppenführung (www.vatican
tour.com) umgeht man lange Warteschlangen. Und mit einem guten Führer
erfährt man in drei Stunden mehr, als
wenn man allein tagelang »herumirrt«.

So kommst du hin
*Von der U-Bahn-Haltestelle
Colosseo sind es zehn Geh-
minuten zu den Kapitolinischen Museen. Viele Busse
halten ebenfalls in der Nähe.*

www.museicapitolini.org

Lascaux mag den ganzen Ruhm einheimsen, wenn es um Felskunst geht, aber Besucher können hier nur Kopien der prähistorischen Malereien besichtigen. Wer etwas Ursprüngliches sehen möchte, sollte sich in die Drakensberge begeben, wo antike Kunst im großen Stil zu sehen ist.

Alternative zu den
Höhlenmalereien von Lascaux, *Frankreich*

FELSKUNST IN DEN DRAKENSBERGEN

Südafrika

Die berühmte Höhle von Lascaux in Frankreich ist nicht »echt«. Die ursprüngliche Höhle wurde 1948 für die Öffentlichkeit zugänglich gemacht und 15 Jahre später aufgrund von Schäden durch die vielen Menschen wieder geschlossen. Heute kann man nur die Höhle Lascaux II besuchen, ein getreuer Nachbau des Originals. Wer also »echte« prähistorische Felskunst aus nächster Nähe sehen will, sollte nach Südafrika reisen.

Im Maloti-Drakensberg Park – dem größten geschützten Gebirgswildnisgebiet Afrikas – liegt eine weitläufige Freiluftgalerie mit wunderschönen, fantastisch erhaltenen Felsmalereien an den Wänden von 500 Überhängen und Höhlen. Die Zeichnungen sind bemerkenswert wegen der hohen handwerklichen Qualität und des ausgezeichneten Erhaltungszustands. Archäologen schätzen, dass die ältesten

Malereien etwa 5000 Jahre, die jüngsten nur etwa 150 Jahre alt sind – sie zeigen bereits die ersten europäischen Siedler mit Ochsenwagen, die sich das Land aneigneten und die einheimische Bevölkerung erschossen und vertrieben.

Die Künstler, die diese außergewöhnlichen Werke geschaffen haben, gehörten zum Volk der San, das seit etwa 4000 Jahren in dem felsigen Gebiet lebt (und heute größtenteils in der Kalahari-Region ansässig ist). Man geht davon aus, dass die San, die verschiedenen ethnischen Gruppen wie den Khoe, Tuu und Kx'a angehören, Nachfahren der allerersten Völker des südlichen Afrikas sind. Sie bemalten die Höhlenwände mit Materialien wie weißem Ton, Vogelkot, Holzkohle und Blut und schufen so ein erdiges Figurenensemble in Rot, Weiß, Braun und Schwarz.

▶

Im Game Pass Shelter sind einige der anschaulichsten Felszeichnungen der Region zu sehen

Oben *San-Felszeichnungen, die Tiere und Menschen dar-stellen, in der Haupthöhle im Giant's Castle Game Reserve*

Oben *Details einer der San-Felszeichnungen*
Rechts *Wanderungen durch die Wildnis der Drakensberge*

Um die Kunstwerke im Park zu besichtigen, muss man einen Führer engagieren. Die am besten erhaltene Felskunst in der Gegend findet sich im Game Pass Shelter in der Region Kamberg. Die Bilder, die Figuren beim Tanz und in verschiedenen Posen zeigen, wurden früher für eine Darstellung des täglichen Lebens der San gehalten, aber der Archäologe David Lewis-Williams (* 1934) war der Meinung, dass sie mehr Bedeutung haben. Er entschlüsselte den »Code« der religiösen Symbolik, die der Felskunst in diesem Gebiet zugrunde liegt, und entdeckte, dass die Malereien Figuren in einem schamanischen Trancezustand und Jäger darstellen, die die Eigenschaften der von ihnen erlegten Tiere in sich aufnehmen. Viele glauben heute, dass die Höhlen heilige Räume waren.

Die Main Cave genannte Höhle bei Giant's Castle enthält ebenfalls beeindruckende Felszeichnungen – 500 Menschen- und Tierdarstellungen, darunter Großkatzen, Nashörner, Schlangen, Paviane und allgegenwärtige Elenantilopen.

Maloti-Drakensberg ist nicht nur ein unglaublicher Park für prähistorische Kunst. Das riesige Gebiet gehört auch zu den 26 UNESCO-Welterbestätten, die zugleich Kultur und Natur eines Gebiets schützen. Mit ihrer fantastischen Landschaft und reichen Tierwelt spielt die Stätte dank ihrer wilden Schönheit in einer anderen Liga als Lascaux mit seinen gestalteten Spazierwegen. Hier kann man in den üppig grünen Vorbergen wandern, Felswände erklettern oder mit einem Geländewagen den Weg zum einzigen Pass in dieser Bergbarriere suchen, die eine ansonsten undurchlässige Grenze zu Lesotho bildet. Noch immer durchstreifen große Herden Elenantilopen das Land, und auf den Klippen versuchen Paviane,

CUEVAS DEL POMIER
Dominikanische Republik

Nördlich der Stadt San Cristóbal befinden sich 55 Höhlen mit der größten Sammlung von Felszeichnungen in der Karibik. Die Malereien wurden von den einheimischen Taíno und Igneri geschaffen und sind rund 2000 Jahre alt.

VALLÉE DES MERVEILLES
Frankreich

Im »Tal der Wunder«, einem Hochtal in den französischen Seealpen, findet sich die größte Anzahl von Freiluft-Petroglyphen in Europa. Die geritzten Bilder aus der frühen Bronzezeit enthalten auch kosmische Symbole.

QOBUSTAN-NATIONALPARK
Aserbaidschan

In dem Nationalpark wurden über 6000 Schnitzereien gefunden, die Menschen, Tiere, Schlachten, Tänze und die Kosmologie darstellen und 5000 bis 20 000 Jahre alt sind. Hier gibt es auch Schlammvulkane.

mit ihrem schrillen Bellen die Rufe von 300 Vogelarten zu übertönen. Bemerkenswerterweise hat sich diese Kulisse und ihre eklektische Bewohnerschar kaum verändert, seit die San sie zu malen begannen.

Immer noch Lust auf Lascaux?

Die »Sixtinische Kapelle« der prähistorischen Welt ist immer noch eine der wichtigsten Sammlungen von Höhlenmalereien. Eine Besichtigung von Lascaux II kann sich oft überfüllt und hektisch anfühlen, daher sollten man sich stattdessen nach Lascaux IV begeben. Hier kann man reproduzierte Malereien und digitale Ausstellungen zur Erläuterung der Kunst besichtigen.

So kommst du hin
Mit dem Auto sind es von Durban oder Johannesburg drei bzw. fünf Stunden zu den Drakensbergen.

www.maloti-drakensberg. co.za

Chicagos Theater können es jederzeit mit dem New Yorker Broadway aufnehmen. Dieses Juwel des Mittleren Westens ist der »Geburtsort« von Kinky Boots und die Heimat vieler nachdenklich stimmender und genreübergreifender Shows.

Alternative zu *New Yorks Broadway, USA*

CHICAGOS
THEATERSZENE
USA

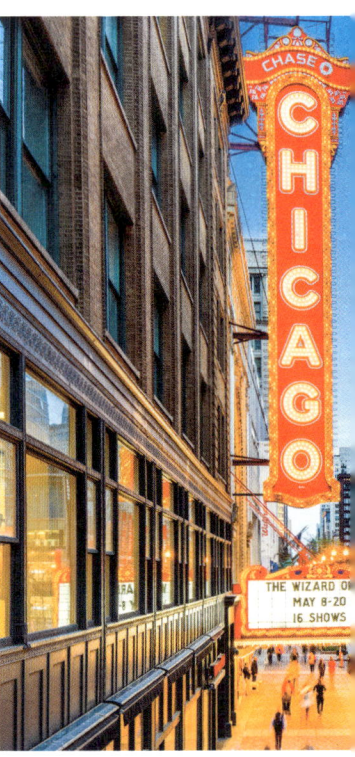

Das am längsten laufende amerikanische Musical am Broadway ist *Chicago* – die perfekte Metapher für die dynamische Theaterszene in »Windy City«. Während sich in Manhattan ein zahlungskräftiges Publikum versammelt, schreiben in Illinois mit dem Pulitzer-Preis ausgezeichnete Autoren wie Tracy Letts und Bruce Norris bahnbrechende Stücke. Wenn man also eine Aufführung sehen will, bevor sie am Broadway gespielt wird, sollte man Chicago besuchen. Mit dem Tony Award ausgezeichnete Musicals wie *Kinky Boots*, *The Producers* und *Spamalot* sowie Letts' hochgelobtes Stück *August: Osage*

County sind nur einige der Produktionen, die hier uraufgeführt wurden.

Wie in New York ziehen die glitzernden Aushänge des Theatre District in Chicagos Loop-Viertel seit den 1920er Jahren die Massen an. Berühmte Häuser wie das Goodman Theatre wurden im Lauf der Jahre mit 22 Tony Awards ausgezeichnet, das nahe gelegene Chicago Theatre bietet 3600 Plätze – fast doppelt so viele wie das Gershwin Theatre, das größte Theater am Broadway.

Die Anfänge der Theaterunterhaltung reichen aber noch viel weiter zurück. Bereits 1834 soll ein gewisser Mr Bowers bei einer Aufführung einen glühenden Eisenstab über seinen Körper gezogen haben, bevor er in einem zweiten Akt seine Bauchrednerkünste zur Schau stellte.

Die State Street mit dem leuchtenden Schild des Chicago Theatre im Herzen des Chicago Theatre District

Das opulente Innere des Chicago Theatre – inspiriert von der Pariser Architektur

SAKARIA-
PALIASCHWILI-
THEATER

Das Sakaria-Paliaschwili-Theater in Tiflis steht dem Moskauer Bolschoi-Theater ins Nichts nach – außer was die Preise angeht.

Alternative zum
Bolschoi-Theater, Russland

SAKARIA-PALIASCHWILI-THEATER

Georgien

Feuer spielte eine weitere Schlüsselrolle in der Geschichte dieser Stadt, als 1871 ein Großteil Chicagos niederbrannte. Die Theater wurden bald wieder aufgebaut, und wenn man heute an den neonbeleuchteten Fassaden und Menschenmengen an der Ecke Randolph und State Street vorbeigeht, weiß man, dass man sich im Zentrum der Theaterwelt befindet.

Immer noch Lust auf den Broadway?
Am TKTS-Ticketstand am Times Square bekommt man ermäßigte Karten für die besten Broadway- und Off-Broadway-Shows.

So kommst du hin
Der Flughafen O'Hare ist der Verkehrsknotenpunkt Chicagos. Besuche im Bezirk The Loop eine Show.

www.chicagoplays.com

Das 1851 gegründete Sakaria-Paliaschwili-Theater liegt in einem beeindruckenden neomaurischen Gebäude im Zentrum der georgischen Hauptstadt. Doch trotz der glanzvollen Innenausstattung ist ein Theaterbesuch keine elitäre Veranstaltung. Die Eintrittspreise sind so gestaltet, dass jeder seiner Leidenschaft für Kultur frönen kann. Der Höhepunkt im Jahr ist das Ballettfestival. Einige der größten Namen, darunter die Haupttänzer des Bolschoi- und des Joffrey-Balletts, stehen dann auf der Bühne.

Immer noch Lust auf das Bolschoi-Theater?
Sind die Ballettkarten ausverkauft, kann man an der Abendkasse nach zurückgegebenen Karten fragen.

So kommst du hin
Vom Flughafen Tiflis nimmt man am besten einen Bus oder ein Taxi ins Stadtzentrum.

www.opera.ge

NEW MUSEUM

Das futuristisch anmutende New Museum in New York City ist ein Kunstwerk für sich und stellt das berühmtere Museum of Modern Art als Schaufenster für innovative zeitgenössische Werke in den Schatten.

Alternative zum
Museum of Modern Art, USA

NEW MUSEUM

USA

Das New Museum, eine Ansammlung von Aluminiumquadern, die 53 Meter über Manhattans Bowery schimmern, sieht aus wie ein außerirdischer Bau, der sich über New Yorks Lower East Side erhebt. Das von den japanischen Architekten Kazuyo Sejima und Ryue Nishizawa entworfene und 2007 eröffnete Gebäude wurde 2022 um einen ebenso futuristischen, von Rem Koolhaas entworfenen Anbau mit einer gläsernen und netzartigen Fassade ergänzt.

Während das Museum of Modern Art (MoMA) riesig und ein wenig förmlich ist, ist das New Museum sein kleinerer, entspannterer Cousin. Hier ist die Kunst oft schockierend, die Räume sind schnörkellos, und von jeder Etage kann man in das Innere des Gebäudes blicken. Im Gegensatz zu den etablierten New Yorker Kunstmuseen sind die Ausstellungsräume im New Museum riesig. Ein Industrieaufzug gleitet zwischen den vier Hauptgeschossen hin und her, in denen sich jeweils ein einzelner, leuchtend weißer Saal mit hohen Decken und poliertem Betonboden befindet.

Auch das vielfältige Angebot an Wechselausstellungen ist anders – ein wenig ausgefallener und anspruchsvoller als das eher konventionelle Programm des MoMA. Zu den Präsentationen, die sowohl aufstrebende als auch etablierte zeitgenössische Künstler zeigen, gehörten eine Retrospektive der in Harlem geborenen Künstlerin und Aktivistin Faith Ringgold,

Besucher betrachten Kunstwerke in einer der lichtdurchfluteten Galerien des New Museum

Lynn Hershman Leesons verstörende Skulpturen *Breathing Machines* (Wachs-porträts mit Perücken und Ton) und Daiga Grantinas Ode an die dynamischen Eigen-schaften von Flechten, *What Eats Around Itself*.

Das Gebäude selbst trägt auf raffinierte Weise zum Erlebnis bei: Die Innenräume wurden so gestaltet, dass das natürliche Tageslicht einfallen kann, sodass sich die Kunstwerke zu verschie-denen Tageszeiten und in verschiedenen Räumen auf subtile Weise zu verändern scheinen.

Das beeindruckende Äußere des New Museum, das einzige Museum für zeitgenössische Kunst in Manhattan

Immer noch Lust aufs MoMA?

Das Museum of Modern Art in New York ist eines der beliebtesten Kunstmuseen der Welt und deshalb stark frequentiert. Am besten besucht man das Museum unter der Woche gegen Ende des Tages, wenn sich die Galerien zu leeren beginnen. Wochenenden sollte man vermeiden.

So kommst du hin
Das Museum liegt in der Nähe der U-Bahn-Station Second Avenue (F) sowie der Station Bowery (J, Z).

www.newmuseum.org

INTERNATIONAL CENTER OF PHOTOGRAPHY
USA

In dem eleganten, dynamischen Museum, das im Jahr 2020 in neue Räumlichkeiten in der New Yorker Lower East Side umgezogen ist, wird die Foto-grafie in all ihren Facetten gefeiert.

NOGUCHI MUSEUM
USA

Das dem japanisch-amerika-nischen abstrakten Bildhauer und Designer Isamu Noguchi (1904 –1988) gewidmete Museum in Queens, New York, zeigt die weltweit umfang-reichste Sammlung von Werken des Künstlers.

MOMA PS1
USA

Die meisten Besucher lassen den eher avantgardistischen Außenposten des MoMA in Queens links liegen (oder wissen gar nicht, dass es ihn gibt), aber ein Besuch lohnt sich wegen der faszinierenden und oft anspruchsvollen Ausstellungen.

ZEITZ MUSEUM OF
CONTEMPORARY
ART AFRICA

Die Tate Modern ist vielleicht das Aushängeschild der zeitgenössischen Kunstszene, aber sie ist nicht einzigartig. In der Lagerhalle von Zeitz werden ebenso spannende Ausstellungen gezeigt, wobei der Schwerpunkt auf bahnbrechender afrikanischer Kunst liegt.

Alternative zur *Tate Modern, Großbritannien*

ZEITZ MUSEUM OF CONTEMPORARY ART AFRICA

Südafrika

Die Tate Modern mag schwer zu schlagen sein, wenn es um internationale Kunst geht, und das Zeitz Museum of Contemporary Art Africa (MOCAA) in Kapstadt versucht auch gar nicht, damit zu konkurrieren. Vielmehr ist es die Besonderheit der Sammlung, die einen Besuch lohnenswert macht. Sie zeigt nämlich zeitgenössische Kunst Südafrikas, des afrikanischen Kontinents und der afrikanischen Diaspora. Es gibt keinen besseren Weg, in afrikanische Kultur einzutauchen, als das MOCAA zu besuchen.

Das Museum ist in einem Gebäude untergebracht, das einer eigenen Ausstellung würdig ist. Es entstand durch den Umbau eines 57 Meter hohen Getreidesilos von 1921. Technisch gesehen ist der neunstöckige Bau, der vom Briten Thomas Heatherwick geplant wurde und 100 Galerien umfasst, ein noch größeres Kunststück als die Umwandlung eines Londoner Kraftwerks in die Tate Modern. Im Inneren strahlen weiße, kubusförmige Räume aus dem kathedralenartigen Atrium im Herzen des Museums, auf dem Dach befindet sich ein Skulpturengarten. Buchläden, ein Restaurant und ein Luxushotel füllen den verbleibenden Raum.

Aber es ist die Kunst, die hier glänzt, denn die Künstler nutzen die Räume, um afrikanische Identitäten zu bekräftigen oder zu hinterfragen. Ein Beispiel ist Anthony Bumhira, der in seinen großformatigen abstrakten Werken Deckchen verwendet. Diese gehäkelten Stücke sind ein fester Bestandteil des Lebens in Simbabwe, und Bumhira erzählt die Geschichte von Müttern, die Stunden damit verbringen, die Zierdeckchen zu

Die Rohre des ehemaligen Getreidesilos, die mit riesigen Glasfenstern versehen sind, ragen in Kapstadt empor

häkeln und zu verkaufen, um ihre Familien zu ernähren. Oder die Fotografin Zanele Muholi, deren mutige Arbeiten das Leben der LGBTQ+ Gemeinschaft in Afrika zeigen und dabei sowohl Vorurteile bekämpfen als auch das »Anderssein« feiern.

Die hier gezeigten Werke sind auf jeden Fall immer inspirierend. Banele Khozas pastellfarbene männliche Akte mögen ihm in seinem Heimatland Eswatini (Swasiland) Kritik eingebracht haben, aber in Südafrika werden sie umjubelt.

Immer noch Lust auf die Tate Modern?

Mit über 70 000 Werken moderner Kunst ist die Tate Modern immer einen Besuch wert. Anstatt sich um Werke von Picasso und Rothko zu drängen, sollte man sich die Arbeiten weniger bekannter Künstler ansehen.

So kommst du hin
Das Museum ist vom Zentrum Kapstadts leicht mit dem Bus oder dem Taxi zu erreichen.

www.zeitzmocaa.museum

MUSEO DE LA PLATA

Die Sammlung des faszinierenden Museo de La Plata in Argentinien umfasst etwa drei Millionen Exponate, die bis zu 570 Millionen Jahre alt sind, und ist ein würdiger Konkurrent des National Museum of Natural History in Washington.

Alternative zum
National Museum of Natural History, USA

MUSEO
DE LA PLATA

Argentinien

Die 27 Meter lange Kopie eines Diplodocus-Skeletts ist eines der beliebtesten Ausstellungsstücke des Museums

Das Museo de La Plata wurde 1884 gegründet, um die Entdeckungen von Francisco P. Moreno auszustellen, und vereint die bemerkenswerte Geschichte Südamerikas unter einem Dach. Während ein Besuch im Washingtoner Museum wie ein Wirbelwind wirken kann, bietet das weniger besuchte Museum in Argentinien ein faszinierendes Zeitreiseabenteuer.

In den Hallen sieht man die Nachbildung eines Diplodocus-Skeletts und die versteinerte Haut eines Mylodons – eines riesigen faultierähnlichen Wesens, das vor etwa 10 000 Jahren in Patagonien lebte. Auch die ethnografischen und archäologischen Räume sind ein Erlebnis. Von präkolumbischen Keramiken bis zu audiovisuellen Vorführungen weist das Museum Besucher fachkundig in die Kulturen derer ein, die vor uns kamen.

Immer noch Lust auf das National Museum of Natural History?

Am geringsten ist der Andrang montags, dienstags und mittwochs.

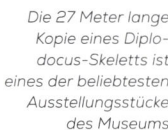

So kommst du hin
Das Museum liegt in La Plata, eine Autostunde von Buenos Aires entfernt. Auch Züge und Busse verbinden die beiden Städte.

www.museo.fcnym.unlp. edu.ar

AUCH SEHENSWERT

TE PAPA
Neuseeland
Neben Māori-Geschichte bietet das Museum auch zeitgenössische Kunst und eine Ausstellung über die Natur im Freien mit einer Buschwanderung.

SHANGHAI NATURAL HISTORY MUSEUM
China
Das architektonisch hochkarätige Museum mit geschwungener Glasfassade zeigt alles von Dinosaurierskeletten bis zu alten chinesischen Töpferwaren.

*Als kleinere Version des Prado, der die größte Samm-
lung europäischer Gemälde der Welt hat, bietet der
Palacio de Liria einen überwältigenden Überblick über
die europäische Kunst, der viel leichter zu verdauen ist.*

Alternative zum <mark>*Museo del Prado, Spanien*</mark>

PALACIO DE LIRIA

Spanien

Der Prado beherbergt so viele Kunstwerke,
dass man sechs Monate bräuchte, um
sie alle zu sehen. Will man sich an ebenso
schöner Kunst erfreuen, ohne sich überwältigt zu fühlen, sollte man quer durch
Madrid zum Palacio de Liria fahren. Der
Palast des Herzogs von Alba wurde 2019
für die Öffentlichkeit zugänglich gemacht
und birgt eine der besten privaten Kunst-
sammlungen der Welt.

Wie der Prado ist auch dieser Palast
ein neoklassizistisches Gebäude aus
dem 18. Jahrhundert. Er wurde von dem
spanischen Architekten Ventura Rodríguez
entworfen und von dem englischen Archi-

tekten Sir Edwin Lutyens umgebaut. Das
gesamte Gebäude brannte 1936 bis auf
die Fassaden aus. Die Räume wurden auf-
wendig renoviert und sind vollgestopft mit
Gemälden, Skulpturen, Wandteppichen,
Möbeln und Büchern – eine eklektische
Sammlung, die über ein halbes Jahrtausend von den Herzögen von Berwick und
Alba zusammengetragen wurde.

Die meisten Säle sind thematisch
gegliedert, so der Salón Flamenco, in dem
Werke von Peter Paul Rubens und Jan
Brueghel d. Ä. ausgestellt sind. Im Salón
Español ist Goyas eindrucksvolles Porträt
der Weißen Herzogin zu sehen.

Immer noch Lust auf den Prado?
Abends (Mo – Sa 18 – 20, So 17 – 19 Uhr),
wenn das Museum ruhiger und der Eintritt
frei ist, ist die beste Zeit für einen Besuch.

So kommst du hin
*Das Museum liegt direkt
neben der Madrider U-Bahn-
Station Ventura Rodríguez.*

www.palaciodeliria.com

*Der Salón Italiano mit vielen
bedeutenden Gemälden der
italienischen Renaissance,
darunter Werke von Perugino
und Tizian*

TEATRO
AMAZONAS

Ballett und Oper wurden in Italien geboren, aber Brasilien pflegt diese Kunstformen seit Jahrhunderten mit großer Liebe. Also warum nicht das Teatro Amazonas besuchen und sich eine Oper im Herzen des Regenwalds ansehen?

==Alternative zum== *Teatro alla Scala, Italien*

TEATRO AMAZONAS

Brasilien

Hinter der zartrosa Fassade des palastartigen Teatro Amazonas in Manaus, die mit weißen Verzierungen versehen ist, zeigt sich in jeder Ecke Opulenz. Schließlich wurde es dem Teatro alla Scala nachempfunden. Man kann hier also die gleiche Schönheit wie im berühmten Mailänder Theater genießen, allerdings mit einem zusätzlichen Bonus: Man befindet sich Amazonas-Regenwald. Ein Theater in einer Stadt ist eine Selbstverständlichkeit, aber mitten im Dschungel? Mit dieser Kulisse kann das Teatro alla Scala nicht mithalten.

Mit dem Bau wurde 1884 im Zuge des wirtschaftlichen Aufschwungs der Stadt dank der Kautschukplantagen und der kostenlosen Arbeit der Sklaven begonnen. Dekorationen und Möbel stammen aus Frankreich, Marmor und Stein aus Italien, Porzellan und Glas aus Venedig, die gusseisernen Säulen und Treppengeländer aus Großbritannien. Die Details sind jedoch nicht nur europäisch. Den Bühnen-

vorhang ziert *Encontro das Águas*, das Zusammentreffen des bräunlichen Rio Negro und des blauen Rio Solimões. Das wunderbare Kunstwerk ist eine weitere Erinnerung daran, dass man sich im Herzen des Amazonas-Gebiets befindet.

Von 1897 bis 1911 traten hier italienische, portugiesische und französische Ensembles auf und unterhielten die wohlhabenden Besucher. Doch 14 Jahre nach der ersten Aufführung wurde das Theater für 90 Jahre geschlossen. Die Erfindung künstlichen Kautschuks und die Abschaffung der Sklaverei 1888 brachten Manaus um seinen Reichtum, und der Erste Weltkrieg verhinderte den Besuch europäischer Künstler. Dennoch wurde das Gebäude instand gehalten, und 2001 wurde das Theater nach einer umfassenden Renovierung wieder eröffnet.

Musiker und Künstler aus der ganzen Welt treten hier auf. Das Philharmonische Orchester des Amazonas steht während des jährlichen Opernfestivals von April bis

Venezianische Kronleuchter erhellen die bemalte Decke und die geschwungenen Balkone des Hauptsaals

Unten *Eine Orchester-
aufführung im Theater*
Ganz unten *Die prachtvolle
rosa-weiße Fassade des
Teatro Amazonas*

Mai auf der Bühne, während Tanzfestivals,
Konzerte internationaler Gruppen und
lokaler Künstler sowie das Filmfestival
Amazonas das ganze Jahr über stattfinden. Von Anfang an war es das Ziel des
Theaters, ein elitäres Kunsterlebnis zu
bieten, und zwar auf hohem Niveau – und
das hat es erreicht.

Immer noch Lust auf die Scala?

Die Scala wird nicht umsonst als das
größte Opernhaus der Welt bezeichnet –
Verdi war einst Hauskomponist, und die
Kostüme werden von namhaften Mode-
schöpfern entworfen. Die Saison läuft
von Dezember bis Mai, und man muss
sich frühzeitig um Karten kümmern. Ein
Tipp: Die Bars im Foyer sind vor einer Vor-
stellung oft überfüllt. Als Alternative bietet
sich die Bar La Vigna di Leonardo in der
Nähe an.

So kommst du hin
*Vom Flughafen Manaus
(MAO) fährt man mit dem
Auto, Taxi oder Flughafen-
Shuttle 30 Minuten zum
Theater.*

*www.cultura.am.gov.br/
portal/teatro-Amazonas*

Die Pariser sind froh, wenn die Besucher in den Louvre strömen, denn so haben sie das Musée Jacquemart-André ganz für sich allein. Das prächtige ehemalige Wohnhaus ist eine Zeitkapsel, gefüllt mit liebevoll kuratierten Kunstgegenständen.

Alternative zum *Louvre, Frankreich*

MUSÉE JACQUEMART-ANDRÉ

Frankreich

Der Salon des Peintures mit prächtigen Gemälden und Möbeln

Im Musée Jacquemart-André findet man zwar weder die *Mona Lisa* noch riesige, labyrinthische Galerien oder eine Fassade, die weltweit bekannt ist. Aber auch keine schirmtragenden Fremdenführer und keine Warteschlangen. Das Musée Jacquemart-André zieht jährlich nur 400 000 Besucher an, der Louvre dagegen zehn Millionen.

Abgesehen von der Pracht des Gebäudes an sich – eines Palais am Boulevard Haussmann zwischen Parc Monceau und Champs-Élysées – gibt es auch innen viel zu bestaunen. Die Salons und Staatsappartements sind mit Gemälden,

Wandteppichen und Skulpturen einiger der größten europäischen Künstler gefüllt: Rembrandt, Botticelli, Canaletto und van Dyck, um nur einige zu nennen.

Die Sammlung hat eine persönliche Note, nicht zuletzt, weil das Gebäude ursprünglich das Privathaus des Bankerben Édouard André und seiner Frau, der Malerin Nélie Jacquemart, war. Nélie hatte eine Leidenschaft für die italienische Renaissance, und die Wände sind mit Werken geschmückt, die das Paar auf seinen Reisen erwarb. Viele Räume sind so erhalten, wie sie von den beiden gestaltet wurden, so auch die Gemäldegalerie, in der heute noch dieselben Stücke zu sehen sind wie Ende des 19. Jahrhunderts.

Besuche die Privatgemächer erst am Schluss, um einen Blick auf das Porträt

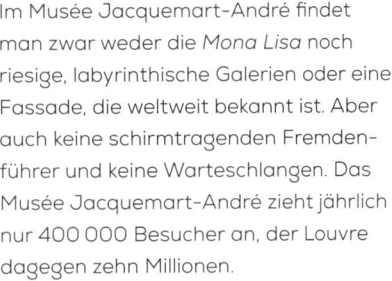

Der glasüberdachte Wintergarten mit Pflanzen, einer großen Treppe und Marmorboden

PATAN
MUSEUM

Nepals Patan Museum ist zwar nicht so überwältigend wie das Nationalmuseum in Delhi, aber dank seiner atemberaubenden Sammlung von Artefakten ist es kulturell gesehen weit überdurchschnittlich.

Alternative zum Nationalmuseum, Indien

PATAN MUSEUM

Nepal

von Édouard zu werfen, das Nélie 1872 malte – durch diesen Auftrag lernten sich die beiden kennen. Diese Details machen das Musée Jacquemart-André zu mehr als nur einem Museum: Es ist ein Fenster in eine ganz andere Welt.

Immer noch Lust auf den Louvre?

Am besten besorgt man sich ein Ticket für einen zeitlich begrenzten Eintritt und überlegt sich vorher, welche Sammlung man ansehen will. Audioguides sind die geringe Gebühr wert.

Nur wenige Einrichtungen können mit dem Nationalmuseum in Delhi konkurrieren, aber wer sagt denn, dass man Tausende von Exponaten braucht, um Ehrfurcht zu empfinden? Das Patan Museum liegt im Nordflügel eines Palasts aus dem 17. Jahrhundert in Patan (einer Stadt an der Grenze zu Kathmandu) an einem von historischen Tempeln gesäumten Platz und ist schon allein wegen seiner Architektur einen Besuch wert. Im Inneren reicht die umfangreiche Sammlung von buddhistischer und hinduistischer Ikonografie – darunter viele Holzschnitzereien, Bronzen und Skulpturen – bis zu den goldüberzogenen Thronen der Malla-Könige, die Nepal jahrhundertelang regierten. Zusammen bieten sie einen erhellenden Einblick in das vielfältige Erbe Nepals.

Immer noch Lust auf das Nationalmuseum?

Das Nationalmuseum kann mit seinen rund 200 000 Exponaten überwältigend sein. Bei der Führung »Museum in 90 minutes« sieht man die Highlights.

So kommst du hin
Die nächsten Metrostationen sind Saint-Augustin, Miromesnil und Saint-Philippe du Roule.

www.musee-jacquemart-andre.com

So kommst du hin
Patan verfügt über gute Busverbindungen ins benachbarte Kathmandu und das umliegende Kathmandu-Tal.

www.patanmuseum.gov.np

KUNST UND KULTUR

KRÖLLER-
MÜLLER
MUSEUM

Amsterdams Van Gogh Museum mag die größte Sammlung von Werken des Malers haben, aber für Kröller-Müller geht es um Qualität, nicht um Quantität. Wer van Gogh in einer ruhigeren Umgebung erleben möchte, sollte deshalb nach Otterlo fahren.

Alternative zum
Van Gogh Museum, Niederlande

KRÖLLER-MÜLLER MUSEUM

Niederlande

Van Goghs berühmtes Werk Landstraße mit Zypresse und Stern

Kunstliebhaber, die so viele Werke von Vincent van Gogh sehen wollen wie möglich, sollten das beliebte, aber überlaufene Van Gogh Museum in Amsterdam meiden und stattdessen das faszinierende Kröller-Müller Museum im Nationaal Park De Hoge Veluwe im Osten der Niederlande besuchen. Hier hängt eine breite Auswahl von Arbeiten des großartigen Malers inmitten einer idyllischen Landschaft mit Wäldern, Heide, Wiesen und Dünen.

Das einsam gelegene Museum ist nach der Industriellentochter und Kaufmannsgattin Helene Kröller-Müller benannt. Sie baute Anfang des 20. Jahrhunderts eine große Kunstsammlung auf, zu der auch viele Werke van Goghs gehörten. Während der Weltwirtschaftskrise fürchtete sie um die Zukunft ihrer Sammlung und überließ deshalb 1935 alle 11 500 Kunstobjekte dem holländischen Staat unter der Auflage, dass dieser ein Museum dafür baut. Ihr Wunsch wurde

erfüllt, und 1938 wurde das Kröller-Müller Museum im ehemaligen Jagdgebiet der Familie eröffnet.

Für Helene Kröller-Müller war van Gogh der Schöpfer des modernen Expressionismus. 91 Gemälde und 175 Zeichnungen von ihrem Lieblingskünstler trug sie zusammen. Das ist zwar weniger als die Hälfte der Werke im Van Gogh Museum, aber für einen Besuch eine überschaubare Menge. So hängen hier etwa das *Selbstbildnis* (1887) mit dem verwirbelten Hintergrund, aus dem van Gogh einen direkt anzustarren scheint, und die *Vier abgeschnittenen Sonnenblumen*, deren Blätter wie lodernde Flammen wirken. Bei *Der Sämann vor untergehender Sonne* (1888) und *Landstraße in der Provence bei Nacht* (1890) ist die Farbe so dick aufgetragen, dass die hellen Sterne und die Sonne von weit außerhalb des Bilds zu leuchten scheinen. Auch das berühmte Bild *Caféterrasse bei Nacht* (1888) ist zu

sehen. Einigen Experten zufolge bildet es zusammen mit *Sternennacht* (1889) und *Sternennacht über der Rhône* (1888), die in anderen Museen hängen, eine Trilogie.

Doch van Gogh ist nicht der einzige Grund für einen Besuch. Die Sammlung Kröller-Müller besitzt zudem viele französische Gemälde des 19. und 20. Jahrhunderts und einen Skulpturengarten mit bedeutenden Werken von Auguste Rodin und Henry Moore.

Immer noch Lust auf das Van Gogh Museum?

Kurz nach Museumsöffnung und kurz vor Schließung ist am wenigstens los. Am meisten hat man von einem Museumsbesuch, wenn man nicht versucht, alles zu sehen, sondern sich für eine Etage entscheidet, um die Werke in Ruhe auf sich wirken zu lassen.

Oben Caféterrasse bei Nacht ist eines von van Goghs berühmtesten Werken im Museum
Unten Floating Sculpture (1960) von Marta Pan im Skulpturengarten

So kommst du hin
Der Flughafen Schiphol ist 95 Kilometer vom Museum entfernt. Man erreicht es mit dem Auto, dem Zug oder dem Bus.

www.krollermuller.nl

Alternative zu New York City, USA
Philadelphia, USA
Seite 182

Alternative zu Berlin, Deutschland
Leipzig, Deutschland
Seite 186

Alternative zu Marrakech, Marokko
Taroudant, Marokko
Seite 188

Alternative zu Amsterdam, Niederlande
Gent, Belgien
Seite 189

Alternative zu San Francisco, USA
Portland, USA
Seite 190

Alternative zu Tokyo, Japan
Seoul, Südkorea
Seite 192

Alternative zu Las Vegas, USA
Reno, USA
Seite 193

Alternative zu London, Großbritannien
Manchester, Großbritannien
Seite 194

Alternative zu Kyoto, Japan
Gyeongju, Japan
Seite 196

Alternative zu Rom, Italien
Bologna, Italien
Seite 198

Alternative zu Paris, Frankreich
Montpellier, Frankreich
Seite 200

Alternative zu Delhi, Indien
Udaipur, Indien
Seite 202

Alternative zu Wien, Österreich
Graz, Österreich
Seite 203

Alternative zu Prag, Tschechien
Riga, Lettland
Seite 204

Alternative zu Mexico City, Mexiko
Zacatecas, Mexiko
Seite 206

Alternative zu Rio de Janeiro, Brasilien
Medellin, Kolumbien
Seite 210

Alternative zu Venedig, Italien
Annecy, Frankreich
Seite 211

Alternative zu Hongkong, China
Taipeh, Taiwan
Seite 212

Alternative zu Madrid, Spanien
Bilbao, Spanien
Seite 214

Alternative zu Sydney, Australien
Perth, Australien
Seite 215

FASZINIERENDE METROPOLEN

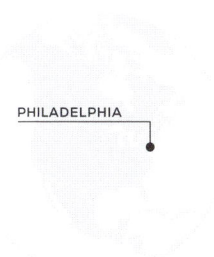

PHILADELPHIA

Mit seinen zahlreichen historischen Sehenswürdigkeiten, einer interessanten Restaurantszene und bunter Street-Art ist Philadelphia mehr als nur eine Konkurrenz für New York City. Es ist eine Stadt, die von einem unabhängigen Geist angetrieben wird, und das ist auch gut so.

Alternative zu *New York City, USA*

PHILADELPHIA

USA

New York hat alles: Wolkenkratzer, viele Restaurants und einige der besten Museen der Welt. Nur wenige würden denken, dass das unscheinbare und weniger besuchte Philly dieser Kultstadt das Wasser reichen kann. Doch weit gefehlt!

Die von Quäkern im späten 17. Jahrhundert gegründete Stadt liegt zwischen zwei sehr unterschiedlichen Welten. Als eine der ältesten Städte Amerikas trägt Philadelphia seine Vergangenheit mit Stolz und präsentiert wichtige Denkmäler in einem von der UNESCO anerkannten historischen Bezirk. Doch wie New York verfügt auch Philadelphia über einen dichten Stadtkern, der eine Fundgrube für kulinarische und künstlerische Genüsse ist.

Ja, auch Manhattan hat historische Gebäude, aber nicht in der Konzentration wie in der Altstadt Philadelphias. Hier können Besucher durch die Korridore der

Broad Street mit der Philadelphia City Hall aus dem 19. Jahrhundert und moderneren Gebäuden

Independence Hall schlendern, in der frühe amerikanische Visionäre die Idee einer unabhängigen Nation ausbrüteten; im Museum of the American Revolution erfährt man viel über die Ereignisse, die dazu geführt haben. Überall in der Stadt finden sich gut erhaltene Herrenhäuser aus dem 18. Jahrhundert, wie das Hill-Physick House, der ehemalige Wohnsitz von Philip Syng Physick (dem Vater der amerikanischen Chirurgie). Wem bei all dem medizinischen Gerät flau im Magen wird, kann sich in der nahe gelegenen City Tavern bei einem historischen Gebräu entspannen, etwa Poor Richard's Tavern Spruce, ein Bier, das auf einem Rezept von Benjamin Franklin basiert.

Wie es sich für eine Stadt dieser Größe gehört, gibt es in Philadelphia einige hervorragende Museen. Das Philadelphia Museum of Art beherbergt eine Kunst-

Oben Restaurants in Phillys
belebter Chinatown
Rechts Mosaik-Kunstwerke in
Philadelphias Magic Gardens

Rechts Blick vom Philadelphia
Museum of Art auf den
Benjamin Franklin Parkway
und das Stadtzentrum

sammlung von Weltrang sowie ein zere-
monielles Teehaus aus Japan. Sogar ein
kompletter Salon aus dem 18. Jahrhundert aus dem Londoner Lansdowne House
ist zu sehen. Und das Museum verfügt
über eine weitere Sehenswürdigkeit: die
»Rocky Steps«. Im Film »Rocky« von 1976
stürmte Sylvester Stallone die 72 Stufen
zum Eingang des Museums hinauf und
reckte die Arme in die Höhe.

New York bietet eine beeindruckende
Sammlung von Straßenkunst, aber selbst
der farbenfrohe Stadtteil Bushwick kann
sich nicht mit der Kunst im öffentlichen
Raum in Philadelphia messen. Das 1984
gegründete Mural Arts Philadelphia hat
die Stadt mit fast 4000 großformatigen
Kunstwerken ausgestattet, insofern kann
Philadelphia mit Fug und Recht behaup-
ten, die weitweit größte Galerie für Kunst
im Freien zu sein. Ein weiteres Highlight
sind die Magic Gardens. Der Künstler
Isaiah Zagar hat 30 Jahre damit ver-

bracht, ehemals leere städtische Grund-
stücke in ein fantastisches Kunstobjekt
aus Mosaiken und Wandmalereien zu
verwandeln, die aus wiederverwendeten
Spiegeln und Keramiken sowie aus Fund-
stücken wie Fahrradrädern und Tellern
bestehen. Wenn man durch das schimmernde Labyrinth schlendert, ist es, als
würde man ein anderes Reich betreten.

In New York gibt es zwar mehr Restaurants mit Michelin-Sternen, aber die
Einwohner Philadelphias sind davon über-
zeugt, dass man in ihrer Stadt besser und
günstiger essen kann. Lebensmittelhallen
wie der Reading Terminal Market zeigen
die kulinarische Vielfalt der Stadt mit
Dutzenden von Ständen, die alles anbieten, von dampfenden Knödeln im Stil der
Pennsylvania Dutch bis zu scharfen Thai-

BALTIMORE
USA

»Charm City« macht ihrem Namen alle Ehre: mit einem stimmungsvollen Hafen, urigen Restaurants und einzigartigen Sehenswürdigkeiten wie dem American Visionary Art Museum. Im Sommer finden viele Festivals statt.

JOHANNESBURG
Südafrika

Die größte Stadt Südafrikas hat viel zu bieten: Wolkenkratzer im Geschäftszentrum der Stadt, während coole Viertel wie Maboneng Dachterrassenbars und interessante Galerien versprechen. Das Apartheid-Museum ist hier ein Muss.

MONTERREY
Mexiko

Monterrey wurde Ende des 16. Jahrhunderts gegründet und ist eine lebendige, oft übersehene Stadt im Norden Mexikos. Das historische Viertel ist voll mit Bars und Restaurants, das Stadtzentrum von ruhigen Grünflächen umgeben.

Currys. Die Stände des South 9th Street Italian Market servieren traditionelle Köstlichkeiten, während Chinatown mit einer erstaunlichen Vielfalt an Geschmacksrichtungen aufwartet. Besuche fantasievolle Fusion-Lokale wie Cheu, die japanische, koreanische und sogar jüdische Rezepte zu köstlichen Kreationen kombinieren.

Immer noch Lust auf New York City?

Die hohen Hotelkosten Manhattans kann man umgehen, wenn man auf der anderen Seite des East River logiert. In Long Island City gibt es Dutzende von Hotels, und nach Midtown ist es nur einen kurze Fahrt mit der U-Bahn.

So kommst du hin
Der Flughafen Philadelphia wird national und international angeflogen. Außerdem gibt es gute Bahn- und Busverbindungen.

www.visitphilly.com

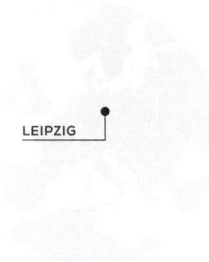

Progressiv und kreativ – Leipzig ist Berlin sehr ähnlich. Die coolste Stadt Sachsens ist zwar kleiner als die deutsche Hauptstadt, aber mit ihrem pulsierenden Lebensgefühl und erschwinglichen Mieten ist sie ein Magnet für Künstler, Musiker und Unternehmer.

Alternative zu Berlin, Deutschland

LEIPZIG

Deutschland

Leipzig und Berlin verbinden viele Gemeinsamkeiten. Beide haben eine lebendige Musik- und Ausgehszene, blühende Subkulturen und jede Menge Museen, Bars, Cafés und Restaurants. Aber während Berlins Anziehungskraft zu Recht ungebrochen ist, haben steigende Mieten und Gentrifizierung es für aufstrebende Kreative schwieriger gemacht, einen Platz zu finden. Leipzig hingegen ist wie das Berlin von vor 30 Jahren mit genügend Ecken und Kanten und Underground-Locations, die das Gefühl vermitteln, dass es noch etwas zu entdecken und zu schaffen gibt.

Und genau das tun Künstler, Musiker und Unternehmer hier seit Anfang der 2000er Jahre, als es die Menschen nach dem Fall der Berliner Mauer wieder in die Stadt zog. Studierende strömen an die HGB (Hochschule für Grafik und Buchkunst Leipzig), die ehemals wichtigste Kunsthochschule der DDR, deren Galerien ihre aufregenden neuen Arbeiten ausstellen. Sie kommen auch an die Universität Leipzig, die eine beeindruckende Liste von Absolventen vorweisen kann, zu denen der

Dramatiker Johann Wolfgang von Goethe und die ehemalige deutsche Bundeskanzlerin Angela Merkel gehören.

Beweise für die junge Bevölkerung sind überall in der Stadt in Galerien, Ausstellungsräumen und unabhängigen Läden zu finden. Das Epizentrum ist die alte Baumwollspinnerei, die heute ein umfangreicher Kunstkomplex mit Galerien und Ateliers ist (darunter das des deutschen Avantgarde-Malers und HGB-Absolventen Neo Rauch). Hier gibt es viele Ausstellungen experimenteller Kunst.

Der Leipziger Veranstaltungskalender kann es in Sachen Vielfalt und Umfang locker mit dem von Berlin aufnehmen. Das DOK Leipzig (ein Festival für Dokumentar- und Animationsfilme) und der große Weihnachtsmarkt sorgen im Winter für Unterhaltung. Im Sommer finden das Wave-Gotik-Treffen und das berühmte Bachfest statt. Darüber hinaus gibt es das ganze Jahr über noch viel mehr.

Es gibt Gerüchte, dass in einigen Leipziger Stadtteilen, etwa dem industriell geprägten und hippen Plagwitz, eine

Eine Mischung aus zeitgenössischer und Architektur des 19. Jahrhunderts prägt das Leipziger Stadtbild

Gentrifizierung eingesetzt hat. Aber es gibt immer noch viele Kneipen der alten Schule mit einem Hauch der ehemaligen DDR, die einem das Gefühl geben, in die Vergangenheit zu reisen. So kann man sich weiterhin in einer Kneipe mit Fassbier und klassischer deutscher Hausmannskost entspannen. Warte nicht zu lange, um hierherzukommen – Leipzig ist die am schnellsten wachsende Stadt Deutschlands, und das hat sich herumgesprochen.

Immer noch Lust auf Berlin?

Berlin ist flach, und die Radwege machen das Fahren zu einer einfachen Möglichkeit, sich fortzubewegen, wenn man die öffentlichen Verkehrsmittel meiden möchte. Es gibt mehrere Fahrrad-Sharing-Systeme.

Oben Ein belebtes Straßencafé im Zentrum der Stadt
Unten Der Karl-Heine-Kanal im trendigen Viertel Plagwitz, gesäumt von zu Künstlerateliers umgebauten Backsteinspeichern

So kommst du hin
Häufig verkehrende Züge aus Berlin erreichen Leipzig in weniger als eineinhalb Stunden.

www.leipzig.travel

TAROUDANT

Taroudant bietet viele der besten Dinge, die man in Marrakech findet. Die kleinere Version der berühmten Großstadt strahlt einen lockeren Charme aus und ist ideal zum Entspannen.

Alternative zu *Marrakech, Marokko*

TAROUDANT

Marokko

Taroudant wird nicht umsonst »keines Marrakech« genannt: Hier gibt es das Beste, was Marrakech zu bieten hat – nur in mundgerechten Stücken. Wartet Marrakech mit Gourmetrestaurants, gehobenen Riads oder dem nächtlichen Treiben auf dem Jemaa el-Fna (dem Hauptplatz der Stadt) auf, kann man in Taroudant in das echte marokkanische Leben eintauchen.

Taroudant war im 16. Jahrhundert kurzzeitig die Hauptstadt von Marokko und hat sich einen Hauch von Großartigkeit bewahrt. Im Gegensatz zum ausufernden Marrakech ist die gesamte Stadt von einer Mauer umgeben. Der Sonnenuntergang, wenn der Stein in warmes Licht getaucht ist, ist die beste Zeit, um sie zu Fuß oder mit dem Fahrrad zu umrunden und die imposanten Tore zu bewundern. Dann erwacht auch der sonst verschlafene Hauptplatz, Place al Alaouyine, zum Leben, und die Bewohner versammeln sich in der kühlen Abendluft.

An den Wochenenden gastieren hier auch Geschichtenerzähler und Musiker.

In dem Labyrinth der kleinen Gassen, die vom Platz abgehen, kann man sich leicht verirren. Unbedingt besuchen sollte man die beiden Souks mit Kunsthandwerk, Obst, Gemüse und Gewürzen. Bei einem Glas Minztee kann man die Atmosphäre auf sich wirken lassen.

Immer noch Lust auf Marrakech?

In einem authentischen Riad ist der zentrale Innenhof wie eine Oase mitten in der Stadt. Bequeme und preiswerte Unterkünfte gibt es viele.

So kommst du hin
Vom Flughafen Agadir sind es 65 Kilometer nach Taroudant. Am besten nimmt man am Flughafen ein Sammeltaxi.

www.visitmorocco.com/de/reisen/taroudant

Eines der fünf Eingangstore zur Medina (Altstadt) von Taroudant aus dem 16. Jahrhundert

Gent liegt ebenso malerisch an Kanälen und verströmt die gleiche künstlerische Kreativität wie Amsterdam, hat aber ein entspanntes historisches Zentrum.

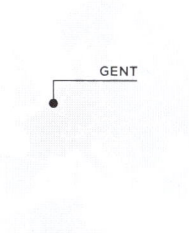

Alternative zu *Amsterdam, Niederlande*

GENT

Belgien

Stufengiebelhäuser entlang des Graslei-Kais im alten Zentrum von Gent

FASZINIERENDE METROPOLEN

Amsterdam ist natürlich ein besonderer Ort. Kunstmuseen von Weltrang, Cafés am Wasser, kreatives Flair. Aber auch in Belgien gibt es eine wunderschöne alte Stadt, die von Grachten durchzogen ist. Im Gegensatz zu seinem niederländischen Pendant hat Gent ein fußgängerfreundliches Zentrum mit vielen architektonischen Highlights, etwa Burg Gravensteen, das Stadhuis und die Graslei, eine pastellfarbene Reihe von Häusern mit Stufengiebeln, die sich im Wasser der Leie spiegeln.

Auch in Sachen zeitgenössische Kunst kann Gent mit Amsterdam mithalten. Die Werregarenstraat ist eine Leinwand für Straßenkünstler, Gentse Feesten ein lebhaftes Musik- und Theaterfestival, und dank der vielen Studierenden gibt es eine Fülle von veganen Restaurants und trendigen Bars.

Immer noch Lust auf Amsterdam?

An Wochenenden ist Amsterdam oft überfüllt. Tickets für Museen sollte man vorab buchen und sie während der verlängerten Öffnungszeiten am Abend besuchen.

AUCH SEHENSWERT

AMERSFOORT
Niederlande

In der von Kanälen durchzogenen Stadt, 50 Kilometer südöstlich von Amsterdam, gibt es ein Museum, das dem abstrakten Künstler Piet Mondrian gewidmet ist.

ZIERIKZEE
Niederlande

Die Hafenstadt an der Nordseeküste verfügt über ein kompaktes Zentrum aus dem Mittelalter mit über 500 denkmalgeschützten Gebäuden.

So kommst du hin
Gent ist 65 Kilometer vom Flughafen Brüssel entfernt. Züge vom Hauptbahnhof Brüssel sind in einer Stunde in Gent.

www.visit.gent.be

189

PORTLAND

Portland, die Stadt der Freidenker im Nordwesten Amerikas, wirbt stolz mit ihrer Indie-Glaubwürdigkeit, die mit der San Franciscos konkurriert – vom Essen und Trinken bis zum umweltfreundlichen Design.

Alternative zu *San Francisco, USA*

PORTLAND

USA

Wie San Francisco hat auch Portland einen tief verwurzelten unkonventionellen Geist. Man sieht es an den Autoaufklebern und Schildern in der Stadt, die verkünden »Keep Portland Weird«. Und man braucht nicht lange, um Portlands bizarre Seite zu entdecken – ob im Staubsaugermuseum Stark's Vacuum Museum oder im reifengroßen Mill Ends Park, dem kleinsten Park der Welt, auf dem Mittelstreifen einer Straße.

Das unabhängige Denken durchdringt alle Aspekte des Lebens, insbesondere wenn es um Essen und Trinken geht. Die Verwendung lokaler und nachhaltiger Zutaten ist hier genauso wichtig wie in San Francisco, und was die Originalität angeht, neigen die jungen Köche in Portland dazu, die Grenzen weiter zu überschreiten als ihre kalifornischen Pendants. In Portland gibt es zum Beispiel Restaurants, die brasilianisch-japanische Fusion-Küche bieten oder Menüs aus wilden und gesammelten Zutaten.

Sogar die Food Trucks (oder »Food Carts«, wie sie hier genannt werden) sind auf einem ganz anderen Niveau – mit mehr als 500 in der ganzen Stadt gibt es fast dreimal so viele wie in San Francisco. Die Vielfalt ist atemberaubend: Von salvadorianischen *pupusas* bis zu vietnamesischem *banh mi* kann man sich rund um den Globus durchprobieren. Die Auswahl an Getränken ist nicht weniger groß – Portland ist mit über 70 Kleinbrauereien eine der Bierhauptstädte Amerikas.

Der Mut, anders zu sein, scheint hier ganz natürlich. San Francisco mag zwar die Golden Gate Bridge haben, aber Portland (wegen seiner Dutzend einzigartiger Brücken über den Willamette River auch »Bridge City« genannt) ist die Heimat der beliebten Tilikum Crossing. Mit ihrer Eröffnung im Jahr 2015 wurde sie

Die Schrägseilbrücke Tilikum Crossing (auch bekannt als Bridge of the People) ist nachts wunderschön beleuchtet

zur größten autofreien Brücke Amerikas und ist seither ein Magnet für Radfahrer und Spaziergänger. Noch erstaunlicher ist, dass das gesamte Bauwerk nachts zu einer lebendigen Kunstinstallation wird, bei der 178 LED-Lichter je nach Wassertemperatur und Fließgeschwindigkeit des Flusses Farbe und Muster ändern.

Deshalb ist es auch kein Wunder, dass die Einheimischen so leidenschaftlich dafür eintreten, dass alles so bleibt.

Immer noch Lust auf San Francisco?

Das Auto sollte man stehen lassen. Abgesehen von den steilen Hügeln, engen Straßen und teuren Parkplätzen gibt es in San Francisco etliche Viertel, die sich hervorragend zu Fuß erkunden lassen, und gute öffentliche Verkehrsmittel. Im Sommer kann kühler Nebel die Stadt einhüllen.

Einer der über 500 Food Trucks, die in ganz Portland verstreut sind

So kommst du hin
Portland hat einen Bahnhof und einen internationalen Flughafen. Die Stadt liegt etwa drei Autostunden südlich von Seattle, Washington.
www.travelportland.com

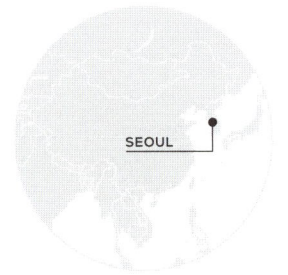

Seoul ist ein temperamentvolles Zentrum für Kulinarik, Religion und Kultur. Diesen Status teilt es mit Tokyo, aber während es in der japanischen Hauptstadt sehr hektisch zugeht, ist Seoul viel gelassener.

Alternative zu *Tokyo, Japan*

SEOUL

Südkorea

In Seoul, der Hauptstadt Südkoreas, wo sich uralte Tempel in den Glaswänden der Wolkenkratzer spiegeln, ist die Gegenwart ein Spiegel der Vergangenheit. In der Gegenüberstellung einer pulsierenden Zukunft und einer ehrwürdigen Vergangenheit ähnelt Seoul der japanischen Hauptstadt Tokyo, aber hier geht es ruhiger zu, und es gibt weniger Touristen.

Wie Tokyo ist auch Seoul ein Paradies für Feinschmecker. Während die japanischen Köstlichkeiten Sushi, Sashimi und *yakitori* schon seit Langem auf den Speisekarten der Restaurants in aller Welt zu finden sind, ist eine kulinarische Reise durch Südkoreas Hauptstadt eher eine Entdeckungstour. In den chaotischen, dampfumhüllten Gassen des Gwangjang-Markts kann man *mayak kimbap*, mit eingelegtem Rettich und Karotten gefüllte Seetangrollen, probieren, und man versteht sofort, warum die schmackhaften Häppchen den Spitznamen »narkotische Reisrollen« tragen. *Kimchi* ist ein weiteres koreanisches Lebensmittel, das süchtig macht. Bei einem Kurs in der Seouler Kimchi-Akademie lernt man, wie man dieses Wunderwerk aus fermentiertem Kohl auch zu Hause zubereiten kann.

Gut genährt, kann man seine Aufmerksamkeit anderen Dingen zuwenden. Uralte Spiritualität durchdringt die Straßen von Seoul. Der Palast Gyeongbokgung zum Beispiel, der geplündert, niedergebrannt und zerstört wurde, aber jedes Mal wieder aus der Asche auferstanden ist, lässt einen nicht unberührt.

Buntes Angebot auf dem Gwangjang-Markt, einem traditionellen Straßenmarkt in Seoul

Der kunstvolle Geunjeongjeon (Thronsaal) des Gyeongbokgung-Palasts im historischen Herzen der Stadt

RENO

Sin City hat die Wüste, Reno die Sierra Nevada, einen Gebirgsspielplatz gleich außerhalb der Stadt. Natürlich gibt es auch hier Glücksspiele mit hohen Einsätzen und nächtliches Feiern.

***Alternative zu** Las Vegas, USA*

RENO
USA

Wie Las Vegas hat auch Reno Casinos – fast zwei Dutzend – und eine lebhafte Barszene. Reno punktet aber ganz klar bei Outdoor-Abenteuern. Die Stadt liegt am Rand der Sierra Nevada und bietet die Möglichkeit zum Wandern und Mountainbiken in den Bergen, zum Ski-fahren in spektakulären Wintersportorten und sogar zum Wildwasser-Rafting auf dem Truckee River. Auch in Reno bringt der Sommer heiße Tage, aber nicht die sengende Hitze wie in Las Vegas. Mit vier Jahreszeiten und dem glitzernden Lake Tahoe, der nur eine Stunde entfernt ist, gibt es wirklich keine schlechte Zeit, um Reno zu besuchen.

Immer noch Lust auf Las Vegas?
Unter der Woche und in der Nebensaison sind weniger Menschenmassen unter-wegs, dann gibt es auch günstige Zimmer.

So kommst du hin
Der internationale Flug-hafen Reno-Tahoe ist nur drei Kilometer von der Stadt entfernt.

www.visitrenotahoe.com

Die koreanische Religion wird nach wie vor vom Schamanismus beeinflusst – wie der Shintoismus in Japan eine animistische Religion, bei der Ahnen und Naturgötter in Schreinen verehrt werden. Eine Sache, die man in Tokyo nicht finden wird, ist der Exorzismustanz einer *mudang* (Schama-nin) auf dem Berg Inwangsan.

Immer noch Lust auf Tokyo?
Die Menschenmassen in Tokyo sind legen-där und in der Regel das ganze Jahr über anzutreffen. Eine kleine Atempause bieten die ruhigeren Monate im Herbst oder Winter.

So kommst du hin
Der Incheon International Airport verbindet Seoul mit der ganzen Welt.

www.visitseoul.net

Die Hauptstadt Nordenglands bietet Museen und Musik, die es mit der Hauptstadt aufnehmen können – und sie nimmt sich selbst nicht so ernst. Ob frivoler Spaß, coole Architektur oder innovative Kunst – hier wird alles geboten.

Alternative zu *London, Großbritannien*

MANCHESTER

Großbritannien

London ist voll von britischen Wahrzeichen und Museen von Weltrang und hat eine kosmopolitische Dynamik, die nur wenige andere Hauptstädte bieten können. Irgendwann landet jeder in London. Zusammen mit der riesigen Bevölkerung der Hauptstadt und den vielen Pendlern ist es kein Wunder, dass die Straßen überfüllt und die Warteschlangen lang sind.

Englands zweitgrößte Stadt ist ebenfalls einen Besuch wert. Als Wiege der Industriellen Revolution erlebte Manchester Mitte des 18. Jahrhunderts einen rasanten Aufschwung, der vor allem auf die florierende Baumwollindustrie zurückzuführen ist. Das architektonische Erbe aus dieser Zeit sind ein Netz von Kanälen und Mühlen und ein Straßenbild, das von Textillagern und Märkten geprägt ist.

Im Science and Industry Museum kann man den ältesten noch erhaltenen Personenbahnhof der Welt besichtigen. Und im Inneren einiger der roten Backsteinmühlen befinden sich heute Galerien mit zukunftsweisenden Werken berühmter Künstler oder wie in der Islington Mill aufstrebender lokaler Talente. Die Kulturszene ist so lebendig, wie man es von der selbst ernannten Hauptstadt des Nordens erwarten würde. London hat vielleicht die Tate Modern und das Barbican, aber in der Manchester oder der Whitworth Art Gallery findet man immer eine Ausstellung, die zum Nachdenken anregt.

Es geht natürlich nicht nur um Museen. Seit den »Madchester«-Jah-

Präraffaelitische Gemälde in der Manchester Art Gallery, einem bedeutenden Museum für europäische Kunst

LEEDS
Großbritannien

Leeds ist die kulinarische Hauptstadt Nordenglands. Dank des Henry Moore Institute und der Leeds Art Gallery ist die Stadt auch das Herz des Yorkshire Sculpture Triangle. Shoppingfans werden die viktorianischen Einkaufspassagen lieben.

LIVERPOOL
Großbritannien

Die Hafenstadt im Norden hat die besten Museen und Galerien außerhalb Londons. Ihr reiches musikalisches Erbe (nicht nur die Beatles) hat sie auch zur UNESCO City of Music gemacht. Darüber hinaus sind in der Stadt viele Parks.

NEWCASTLE
Großbritannien

Die Nächte in »Toon« sind legendär. Aber Newcastle hat auch eine Burg (12. Jh.), zeitgenössische Kunstgalerien wie das BALTIC Centre und die wiederbelebte Quayside, ein Hotspot des Nachtlebens mit trendigen Bars und Restaurants.

ren in den 1990ern ist Manchester auch bekannt für seine wilden Clubnächte. Und mit dem Peak District National Park vor der Haustür und dem Lake District, der nur eine Autostunde entfernt ist, liegt Manchester in unmittelbarer Nähe zu einigen der schönsten Naturlandschaften Großbritanniens.

Also auf in den Norden nach Manchester. Die BBC hat es getan, als sie die Hälfte ihres Sendebetriebs von London in den Stadtteil Salford Quays verlegte. Und wenn es gut genug für die BBC ist, dann ist es auch gut genug für uns.

Immer noch Lust auf London?

Die Stadt ist ein kultureller Koloss, statt der Museen in South Kensington sollte man das Sir John Soane's Museum, das Dennis Severs' House und das Leighton House Museum besuchen.

Viktorianische und moderne Gebäude stehen im Zentrum von Manchester nebeneinander

So kommst du hin
Manchester Airport liegt 13 Kilometer vom Stadtzentrum entfernt. Die Züge vom Flughafen brauchen 20 Minuten in die Stadt.

www.visitmanchester.com

GYEONGJU

Kyotos Tempel, Paläste und Schreine sind vielleicht bekannter, aber die in Gyeongju in Südkorea sind genauso faszinierend, wenn nicht sogar noch faszinierender. Gyeongju erinnert an vergangene Tage und ist wie ein lebendiges Museum.

Alternative zu *Kyoto, Japan*

GYEONGJU

Südkorea

Der restaurierte alte Bulguksa-Tempel hoch oben an den bewaldeten Hängen des Bergs Tohamsan

Koreaner nennen die Stadt »das Museum ohne Mauern«, und wenn man durch die geschichtsträchtigen Straßen von Gyeongju schlendert, versteht man schnell, warum. Hinter jeder Ecke hallt Geschichte wider: hier ein buddhistischer Tempel, der in Weihrauch gehüllt ist, dort ein rätselhafter Grabhügel, Relikt aus dem früheren Leben der Stadt als Hauptstadt des Königreichs Silla. Mit seinem Reichtum an Tempeln und Schreinen und der prächtigen, jahrhundertealten Architektur ähnelt Gyeongju der ehemaligen kaiserlichen Hauptstadt Japans, Kyoto. Gyeongju hat jedoch eine größere architektonische Vielfalt zu bieten, wobei die verschiedenen Stadtteile einen Einblick in unterschiedliche Epochen der Vergangenheit gewähren.

Betritt man zum Beispiel das Dorf Yangdong, glaubt man, im 15. Jahrhundert gelandet zu sein. Die niedrigen Häuser haben überhängende Strohdächer, die Dorfbewohner lassen in riesigen Töpfen *kimchi* gären, und der Blick auf Lotusteiche und glitzernde grüne Reisterrassen hat sich seit der Joseon-Dynastie nicht verändert.

Wie in Kyoto ist auch in Gyeongju der Geist des Buddhismus in die historischen Sehenswürdigkeiten eingeflossen, und nirgendwo ist er stärker zu spüren als in Seokguram, einer stimmungsvollen Grotte, die Teil des Bulguksa-Tempelkomplexes auf dem Berg Tohamsan ist. Schnitzereien buddhistischer Heiliger und hinduistischer Götter säumen die Wände dieser Einsiedelei auf dem Hügel, die von einer mächtigen Buddha-Statue überragt wird. Die Errichtung dieses Meisterwerks in den Bergen im 8. Jahrhundert ist ein Denkmal für die Macht und den Einfallsreichtum des Königreichs Silla. Die Aussicht ist vielleicht die schönste in ganz Südkorea – bei

Unten Die königlichen Grabhügel
im Tumuli-Park
Ganz unten Spaziergang auf dem
Vorplatz der Seokguram-Grotte,
Teil der prächtigen buddhistischen
Tempelanlage Bulguksa

Sonnenaufgang wird man Zeuge, wie die Sonne wie eine honigfarbene Kugel über dem Japanischen Meer aufgeht.

Noch weiter in die Vergangenheit reichen die riesigen Grabhügeln im Tumuli-Park zurück. Die Hügel, die im Lauf der Jahrtausende glatt geschliffen und mit Torf bedeckt wurden, sind nicht natürlich, sondern wurden vor mehr als 2000 Jahren für die Könige von Silla erbaut. Wer einen Blick auf die vorbuddhistische Kultur werfen möchte, sollte den Noseodong-Grabhügel besuchen. Hier sind Malereien von mythischen Tieren zu sehen.

Immer noch Lust auf Kyoto?

Um Kyoto in einer ruhigen, besonders stimmungsvollen Zeit zu erkunden, sollte man die Stadt im Winter besuchen, wenn die alten Tempel malerisch mit Schnee bedeckt sind.

So kommst du hin
Vom Incheon International
Airport in Seoul fahren
Hochgeschwindigkeitszüge
in etwas mehr als zwei
Stunden nach Gyeongju.

www.gyeongju.go.kr

BOLOGNA

Mit antiken Artefakten an jeder Ecke ist Rom eine der beliebtesten Städte der Welt. Wenn es jedoch um kulinarische Köstlichkeiten geht, gewinnt Bologna haushoch – und Geschichtsfans werden hier auch nicht enttäuscht.

==**Alternative zu** Rom, Italien==

BOLOGNA

Italien

Platten voller frisch geschnittener Mortadella und Prosciutto, Körbe mit zarten Backwaren, dampfende Schüsseln mit Pasta, dazu erfrischende lokale Weine. Mit solch herrlichen Aromen auf der Speisekarte hat sich Bologna den Titel als Italiens Hauptstadt der Feinschmecker redlich verdient. Zwar ist das kulinarische Angebot in ganz Italien erstklassig, aber die verführerischen traditionellen Gerichte von Bologna sind wirklich unübertrefflich.

Einer der besten Orte für unverfälschte Köstlichkeiten ist das Viertel Quadrilatero. Das aus dem Mittelalter stammende Gassengewirr strotzt nur so vor Farben und Düften. Die Tische auf den Bürgersteigen sind perfekt, um marktfrische Snacks zu genießen. Und so gut wie jedes Restaurant in der Stadt serviert Tagliatelle al ragù. Lokale, die authentische Gerichte anbieten, sind in Rom unter den vielen Touristenrestaurants dagegen gar nicht so leicht zu finden.

Natürlich gibt es in Rom überall umwerfende Gebäude, aber auch bei der Architektur überrascht Bologna. Und im Gegensatz zur Ewigen Stadt mit ihren sieben Hügeln und vielen Vierteln ist Bologna flach und leicht zu erkunden. Neben dem Markt liegt die Piazza Maggiore, umgeben von majestätischen mittelalterlichen Palazzi und der stattlichen Basilika San Petronio. Ursprünglich sollte die Kirche größer werden als der Petersdom in Rom, doch Papst Pius IV. stellte das Projekt ein, um nebenan den Palazzo dell'Archiginnasio zu errichten, das erste Gebäude, das alle Universitätsfakultäten der Stadt beherbergte.

Im Viertel Quadrilatero reiht sich ein Laden an den nächsten

Links Das historische Zentrum von Bologna mit mittelalterlichen Gebäuden
Unten Spaziergang entlang einer der Säulenhallen von Bologna, die zum UNESCO-Weltkulturerbe gehören

Eine weitere Besonderheit Bolognas sind die alten Arkaden, die selbst an einem feuchten Winterwochenende oder einem heißen Sommernachmittag ein Vergnügen sind. Entlang des längsten durchgehenden Bogengangs der Welt kann man bis zur Kirche San Luca auf dem Hügel laufen. Gibt es einen besseren Weg, um sich Appetit auf leckere Köstlichkeiten zu holen?

Immer noch Lust auf Rom?

Das Gebiet Castelli Romani, 16 Gemeinden in Latium im Süden Roms, ist für seine Küche und seine Weine berühmt.

So kommst du hin
Der Marconi Express vom Flughafen Bologna braucht etwa acht Minuten bis zum Bahnhof Bologna Centrale im Stadtzentrum.

www.bolognawelcome.com

AUCH SEHENSWERT

RAVENNA
Italien
Die kleine, aber wichtige Stadt trat 402 n. Chr. in die Fußstapfen Roms als Hauptstadt. Heute sind die byzantinischen Mosaiken und die Strände die eigentliche Attraktion.

PALERMO
Italien
Als Hauptstadt Siziliens ist Palermo reich an Sehenswürdigkeiten. Einige der eindrucksvollsten stammen aus der arabisch-normannischen Zeit.

Paris ist nicht die einzige Stadt in Frankreich mit prächtigen Boulevards, großen Plätzen und zahlreichen Museen. Die findet man auch im Süden in Montpellier mit seinem Languedoc-Charme.

Alternative zu Paris, Frankreich

MONTPELLIER

Frankreich

Mit seinen eleganten Promenaden und den honigfarbenen Gebäuden im Haussmann-Stil gilt Montpellier als das kleinere südliche Gegenstück zu Paris. Selbst der Triumphbogen ist eine direkte Kopie des Pariser Originals aus dem 17. Jahrhundert. Aber damit enden auch die Gemeinsamkeiten.

Montpellier hat sein eigenes Tempo, und man kann hier jede Menge Spaß haben. Nicht in schicken Restaurants oder exklusiven Clubs, sondern auf beleuchteten Terrassen oder bei einem Bier in einer der Studentenkneipen. Das Essen ist deftig und die Gastfreundschaft herzlich, angeheizt durch kräftige Rotweine aus dem Languedoc und die reichen Aromen von Knoblauch, Thymian und Rosmarin.

Und im Gegensatz zu den vielen Grauschattierungen von Paris ist in Montpellier überall Farbe – von Wandmalereien bis zu Straßenkunst. Selbst mittelalterliche Gassen sind mit Regenbogenfarben und selbst gemachten Wimpeln geschmückt. Diese Liebe zur Ästhetik spiegelt sich auch im MO.CO., Montpelliers Zentrum für zeitgenössische Kunst, wider, das die Stadt zum Zentrum für Avantgarde-Shows gemacht hat. Und das Musée Fabre ist voll mit klassischen Meisterwerken von Künstlern, die mit der Region verbunden sind, aber auch mit Werken von Rubens, Delacroix und Monet. Die Künstler werden zu Recht verehrt, aber anders als in Paris

Eine Caféterrasse bei Nacht – typisch für die vielen lebendigen Bars und Cafés in Montpellier

nehmen sich die Kunstkenner des Südens nicht ganz so ernst.

Grünflächen sind nie weit entfernt. Der schattige Jardin des Plantes ist nicht nur der älteste botanische Garten Frankreichs, sondern auch einer der schönsten.

Und natürlich ist es von Montpellier nicht weit zum Mittelmeer. Die Strände von Carnon und La Grande-Motte sind mit der Straßenbahn in 30 Minuten zu erreichen.

Immer noch Lust auf Paris?

Am besten besucht man Paris im Herbst und nicht im Frühling und schlendert morgens in den Tuilerien durch das Laub und besucht nachmittags die Museen, die dann nicht überlaufen sind. Und statt Picknicks gibt es Raclette und Beaujolais nouveau.

*Oben Der Triumphbogen Porte du Peyrou in der Nähe des Stadtzentrums
Rechts Schöne Gebäude im Haussmann-Stil sind typisch für Montpellier*

*So kommst du hin
Der Flughafen Montpellier liegt zehn Kilometer außerhalb der Stadt. Von Paris fährt man in 3,5 Stunden nach Montpellier.*

www.montpellier-france.com

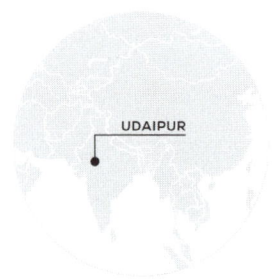

UDAIPUR

Tausch den Lärm von Delhi gegen die Gelassenheit von Udaipur. In der malerischen Stadt am See mangelt es nicht an prächtigen Palästen, Tempeln und alten, verwinkelten Straßen mit zahlreichen Basaren.

Alternative zu *Delhi, Indien*

UDAIPUR

Indien

Der Pichola-See mit dem großen Stadtpalast und anderen majestätischen Bauwerken

So faszinierend Indiens Hauptstadt auch ist, in ihr herrscht immer Chaos. Udaipur, die historische Hauptstadt des Königreichs Mewar im Bundesstaat Rajasthan, ist eine weitaus beschaulichere Stadt mit schimmernden Seen und sauberer Luft. Umgeben von üppigen Hügeln und voller prächtiger Maharadscha-Paläste, ist dieses Juwel aus dem 16. Jahrhundert eine der romantischsten Städte Indiens.

Udaipur liegt an zwei großen Seen mit einigen kleineren dazwischen und weiteren, die um sie herum verstreut liegen. Der größte, der Pichola-See, verleiht der Stadt ihren verträumten Charme und bietet eine idyllische Kulisse für Postkartenansichten.

Direkt am Ufer des Pichola-Sees befindet sich der grandiose Stadtpalast mit seinen gewölbten Fensterreihen und verschlungenen Türmchen, der ein faszinierendes Museum beherbergt. Die Erkundung dieses Miniaturkönigreichs aus königlichen Gemächern, Empfangssälen und Höfen, die durch enge Gänge und steile Treppen miteinander verbunden sind, kann einen ganzen Tag in Anspruch nehmen. Hinter dem Stadtpalast erstreckt sich die Altstadt von Udaipur mit den ursprünglichen Mauern, die von riesigen verschnörkelten Toren durchbrochen werden. In dem Labyrinth aus gewundenen, hügeligen Straßen wimmelt es von Basaren, Läden und alten Tempeln. Wenn man sich an diesen Sehenswürdigkeiten sattgesehen hat, bietet Udaipur einige interessante Museen. Das Vintage Car Museum wartet mit einer erstklassigen Sammlung antiker königlicher Autos auf, die Crystal Gallery mit exquisitem, fein geschliffenem Glas.

Doch das ist noch nicht die größte Prachtentfaltung in der Stadt. Alte Paläste, die zu Luxushotels umgebaut wurden, zieren ein paar Inseln im Pichola-See. Wer hier übernachtet, fühlt

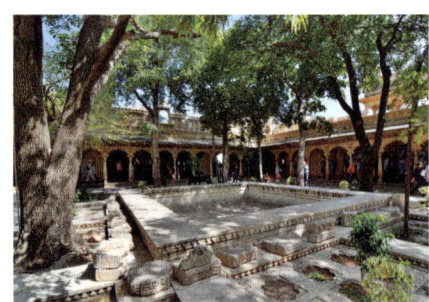

Der Badi Mahal (Gartenpalast) mit kunstvoll geschnitzten Torbogen steht am höchsten Punkt des City Palace

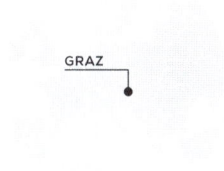

Graz, die zweitgrößte Stadt Österreichs, hat ein lebendiges Studentenviertel. Hier kann man nicht nur eine pulsierende Kunstszene genießen, sondern auch eine hervorragende Küche.

Alternative zu Wien, Österreich

GRAZ
Österreich

sich garantiert wie ein Maharadscha. Für diejenigen, deren Budget nicht ganz so weit reicht, gibt es eine Reihe sehr schöner, aber weniger teurer Unterkünfte in alten *havelis* (Herrenhäuser), die über die ganze Stadt verstreut sind. Geschichten über alte Gebäude und das Königreich Mewar hört man bei der allabendlichen Ton- und Lichtshow auf dem Gelände des Stadtpalasts.

Immer noch Lust auf Delhi?

Bei einem geführten Rundgang durch Old Delhi erfährt man mehr über die ältesten Sehenswürdigkeiten der Stadt.

So kommst du hin
Mit dem Taxi fährt man von Udaipurs Flughafen 30 Minuten in die Stadt.

www.udaipurtourism.com

Etwa 200 Kilometer südlich von Österreichs Hauptstadt liegt das entspannte Graz – eine Welt für sich, weit entfernt vom traditionellen Wien. Man findet hier noch immer die Pracht der alten Welt (die Grazer Altstadt gehört zum Weltkulturerbe), aber zwischen fürstlichen Palästen und Renaissance-Höfen befinden sich innovative Kreationen wie das auffällige Center of Science Activities (CoSA) und das bauchige, außerirdisch anmutende Kunsthaus für zeitgenössische Kunst.

Darüber hinaus ist Graz auch die kulinarische Hauptstadt des Landes. Unbedingt probieren sollte man das lokale Kürbiskernöl, das für eine Vielzahl von Gerichten verwendet wird.

Immer noch Lust auf Wien?

Ein besonderes Erlebnis ist es, den Sonnenuntergang über der Skyline der Stadt am Ufer der Alten Donau zu beobachten.

So kommst du hin
Vom Flughafen Graz fahren Busse 30 Minuten in die Stadt. Züge von Wien brauchen 2,5 Stunden nach Graz.

www.graz.at

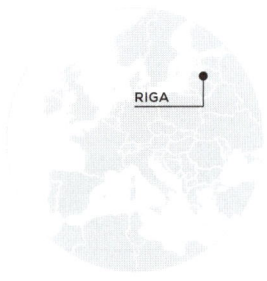

RIGA

Wie Prag bietet Lettlands Hauptstadt eine Mischung aus mittelalterlichen Gassen und Architektur des 20. Jahrhunderts, hervorragende Museen und ein reges Nachtleben. Sie wartet aber auch mit spektakulären Sandstränden auf, die leicht zu erreichen sind.

Alternative zu *Prag, Tschechien*

RIGA

Lettland

Mit seiner UNESCO-geschützten Altstadt voller mittelalterlicher, gotischer und barocker Gebäude wird Riga oft als das »neue Prag« bezeichnet. Von einem Aussichtspunkt aus gesehen gibt es klare Parallelen, denn die atemberaubende Stadt mit ihren Kirchtürmen, orangefarbenen Dächern und engen Straßen liegt an einem breiten Fluss. Doch ein kurzer Spaziergang durch die Straßen der lettischen Hauptstadt ergibt schnell ein anderes Bild. Das Bemerkenswerte an Riga sind nicht so sehr die jahrhundertealten Gebäude, sondern die aus der Zeit um die Jahrhundertwende: Riga ist nämlich eine Hochburg des Jugendstils.

In Prag mag die Jugendstil-Ikone Alfons Mucha gewirkt haben, aber Riga hat diese Bewegung wirklich ins Herz geschlossen. Im Zuge der groß angelegten Stadterweiterung im späten 19. und frühen 20. Jahrhundert wurden weite Teile der Neustadt in diesem angesagten Stil gestaltet. Fast an jeder Ecke gibt es auffällige Beispiele – etwa die unverwechselbare pfirsichfarbene Deutsche Botschaft,

die verschnörkelte blau-weiße Michail-Eisenstein-Villa und die elegant verzierte Rigaer Synagoge. Es gibt hier sogar ein Jugendstilzentrum, das in der ehemaligen Privatwohnung von Konstantīns Pēkšēns, einem bedeutenden Architekten der Bewegung, untergebracht ist. Hier kann man die spektakuläre Wendeltreppe besichtigen (eine der meistfotografierten Sehenswürdigkeiten Rigas).

Außerdem verfügt die Stadt über eine Reihe von Museen von Weltrang, darunter das Lettische Kriegsmuseum (das die Geschichte der Konflikte des Landes erzählt) und das Ethnografische Freilichtmuseum (das Gehöfte aus dem ganzen Land zeigt).

Doch nicht nur die Museen sind Weltklasse, auch das Nachtleben kann sich sehen lassen. Riga ist seit Langem die lebhafteste der baltischen Städte und beherbergt eine Vielzahl von Kneipen, Cocktailbars, Jazzbars und Technoclubs.

Und das osteuropäische Juwel hat noch ein weiteres Ass im Ärmel: das Meer. Kilometerlange Sandstrände säumen die

Von links im Uhrzeigersinn
Rigas malerisches Stadt-
bild am Ufer der Daugava
(Düna); Michail Eisensteins
Jugendstilvilla; Musiker in
traditionellen Trachten

Ostsee am Rand der Stadt, während nur ein wenig weiter westlich Jūrmala liegt, ein beliebter Ferienort mit einem langen weißen Sandstrand. Riga zeichnet sich durch seine Nähe zum Meer aus, etwas, womit sein tschechisches Pendant nicht aufwarten kann. Und auch wenn diese beiden hübschen Städte viel gemeinsam haben, ist Riga nicht das neue Prag. Es ist viel mehr.

Immer noch Lust auf Prag?

Nach den großen Sehenswürdigkeiten der Altstadt sollte man auch die weniger bekannten, aufstrebenden Viertel der Stadt besuchen, etwa das grüne Vinohrady, das industrielle Karlín oder das eklektische Holešovice.

So kommst du hin
Rigas Flughafen ist der
größte in den baltischen
Staaten. Das Stadtzentrum
entdeckt man am besten
zu Fuß, Busse und Stra-
ßenbahnen verbinden die
Außenbezirke.

www.liveriga.com

AUCH SEHENSWERT

KOŠICE
Slowakei
Die kleine Stadt in der Ostslowakei ist voll von beeindruckenden alten Gebäuden, darunter eine mittelalterliche Kathedrale und ein neogotischer Palast.

OLOMOUC
Tschechien
Die osttschechische Stadt hat einen wunderschönen Barockplatz mit einer astronomischen Uhr sowie eine Dreifaltigkeitssäule zu bieten – und kaum Besucher.

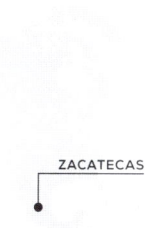

ZACATECAS

Wie Mexico City ist Zacatecas reich an historischen Sehenswürdigkeiten und kulturellen Schätzen. Aber Zacatecas ist ruhiger und kompakter als die ausufernde hektische Hauptstadt Mexikos.

<mark>**Alternative zu** Mexico City,</mark> Mexiko

ZACATECAS

Mexiko

Zacatecas liegt zwischen Hügeln auf 2440 Metern über dem Meeresspiegel. Mexico City mag unzählige Attraktionen haben, aber es kann eine Herausforderung sein, sie zu genießen, wenn man bedenkt, wie laut, überfüllt und chaotisch es hier ist. Im Gegensatz dazu ist das historische Zentrum von Zacatecas, das von eleganten Straßen und Plätzen gesäumt wird, vergleichsweise ruhig und leicht zu erkunden.

Zacatecas wurde 1546 nach der Entdeckung großer Silbervorkommen gegründet und entwickelte sich schnell zu einem wohlhabenden und politisch bedeutenden Ort. Der Reichtum zog sich durch das 16., 17., 18. und frühe 19. Jahrhundert und führte zum Bau unzähliger Kirchen, Paläste, Herrenhäuser und städtischer Gebäude. Die Hauptstadt des Bundesstaats Zacatecas führte als erste Stadt

Frauen in Volkstracht vor dem reich verzierten Eingang der Kathedrale

Mexikos eine rigides Denkmalschutzprogramm durch – mit Erfolg. Die einzigartige Altstadt, seit 1993 UNESCO-Welterbe, ist eine originalgetreu restaurierte spanische Kolonialstadt. Als ob das nicht schon genug wäre, gibt es hier auch noch eine reich verzierte Kathedrale aus dem 18. Jahrhundert, die vielleicht das weltweit schönste Beispiel für die mexikanische Churriguerismus-Architektur ist – ein extravaganter Ableger des Barockstils.

Die architektonischen Wunderwerke kann man nicht nur von außen bewundern. Viele ehemalige Klöster, Paläste und Herrenhäuser wurden in erstklassige Museen und Galerien umgewandelt, in denen die Werke lokaler, nationaler und internationaler Künstler ausgestellt werden. Beispiele sind die berühmte königliche Münzanstalt, die Casa Real de la Moneda, und das Museo Rafael Coro-

nel, in dem Töpferwaren sowie die größte Sammlung von Werken des Malers Joan Miró außerhalb Spaniens ausgestellt sind.

Die lebendige Kulturszene von Zacatecas beschränkt sich aber nicht auf Kunst. Jedes Jahr finden unzählige Feste und Veranstaltungen statt. Am lebhaftesten geht es beim Festival Cultural Zacatecas zu, das ein abwechslungsreiches Programm mit Theaterstücken, Konzerten, Ausstellungen und Aufführungen bietet und um die Karwoche im März oder April stattfindet. Sehenswert sind auch das nationale Folklore-Festival und die Vorführungen traditioneller Reiterkünste bei der *charrería*. Außerdem gibt es ein Heißluftballon-Festival, Straßentheater, Nachstellungen vergangener Schlachten und uralte Prozessionen, die andernorts schon lange nicht mehr abgehalten werden. Fantastischerweise sind die meisten dieser Veranstaltungen auch noch kostenlos.

Das Festhalten an ihrem Erbe zeichnet die Stadt aus. Nördlich des Zentrums

Oben Bunt gestrichene Häuser im alten Stadtzentrum
Rechts Die eleganten Dächer und Kuppeln von Zacatecas rund um die Kathedrale

befindet sich die legendäre Mina El Edén, die Silbermine, die Zacatecas – und bis zur Unabhängigkeit Mexikos auch den spanischen Kolonialherren – immensen Reichtum bescherte. Die Kosten dafür trugen die indigenen Völker, die ihres Landes beraubt, unterjocht und unter härtesten Bedingungen schuften mussten. Das Bergwerk ist heute ein Museum, in dem man in das Innere des Cerro del Grillo fahren und die Stollen und Schächte erkunden kann. In der Nähe des Eingangs führt eine Seilbahn auf den Cerro de la Bufa, einen Hügel, der 1914 Schauplatz einer Schlacht war, die mit einem Sieg des Revolutionsführers Pancho Villa über die Bundestruppen endete. Auf dem Gipfel befindet sich das Museo Toma de Zacatecas, das der Revolution gewidmet ist.

Und das ist noch nicht alles. Die zentrale Lage macht Zacatecas zu einem idealen Ausgangspunkt für Ausflüge zu den archäologischen Ruinen von La Quemada und den malerischen Dörfern im Umland. Und auch die legendären Strände an beiden Küsten Mexikos sind nur einen Tagesausflug entfernt.

Immer noch Lust auf Mexico City?

Auch wenn manche den Trubel als überwältigend empfinden, steht die Hauptstadt mit ihrer tollen Architektur, den aztekischen Ruinen und der unvergleichlichen Kulturszene auf vielen Reiseplänen. Frühmorgens ist es im historischen Zentrum am ruhigsten.

Oben Straßenleben in Zacatecas
Unten Die Kirche Virgen del Patrocinio aus dem 17. Jahrhundert

So kommst du hin
Die Stadt hat einen Flughafen und einen Busbahnhof, der Ziele in ganz Mexiko anfährt.

www.zacatecastravel.com

MEDELLÍN

Für eine unterhaltsame Städtereise nach Südamerika sollte man Rio hinter sich lassen und Medellín besuchen. Die Stadt ist eines der aufregendsten urbanen Zentren Kolumbiens mit großartigem Essen und einem pulsierenden Nachtleben.

Alternative zu
<mark>Rio de Janeiro, Brasilien</mark>

MEDELLÍN

Kolumbien

Das lebensfrohe Rio mag die erste süd-amerikanische Stadt auf vielen Reiselisten sein, aber Brasiliens pulsierendes Zentrum hat einen noch cooleren Konkurrenten: Medellín. In Kolumbiens zweitgrößter Stadt wird immer etwas geboten.

Medellín hat zwei Seiten. Im schicken Viertel El Poblado servieren Restaurants gehobene kolumbianische Küche, während in einer Vielzahl von Bars die Gäste zu europäischen DJs und *Cumbia*-Beats tanzen. Das ist das feierfreudige Rio auf einer intimeren Ebene mit jungen Nacht-schwärmern, die in den Clubs bis in die frühen Morgenstunden durchtanzen.

Besteigt man jedoch die moderne Metro – ein Symbol für die Wieder-geburt der Stadt aus dem Schatten der Drogengewalt – und fährt ins Zentrum, landet man im Herzen von Medellín. Hier wimmelt es in den traditionellen Restau-rants von Einheimischen, die herzhafte *cazuelas* (Eintöpfe) und *Paisa*-Suppen schlürfen. Auf der Plaza Botero stehen die humorvollen, rundlichen Skulpturen

Die Plaza Botero voller Skulpturen und Grünanlagen mit der Iglesia de la Candelaria

des Medelliner Künstlers Fernando Botero neben Kaffeehändlern und Märkten. Die Begeisterung ist auf Schritt und Tritt spür-bar: Die Stadt ist stolz auf das, was aus ihr geworden ist.

Immer noch Lust auf Rio?

Will man während des Karnevals nach Rio reisen, sollte man unbedingt Karten für die Sambódromo-Paraden im Voraus buchen. Ansonsten sollte man Rio im April oder Oktober besuchen, denn dann sind weniger Menschen unterwegs und die Preise günstiger.

So kommst du hin
Vom Flughafen José Maria Córdova sind es mit dem Taxi 25 Minuten und mit dem Bus 60 Minuten ins Stadtzentrum.

www.colombia.travel

Eingebettet in die Ausläufer der Haute-Savoie, mit Kanälen, die von den Alpen umrahmt werden, ist Annecy einer der romantischsten Orte in Europa und eine schöne Alternative zum überlaufenen Venedig.

ANNECY

***Alternative zu** Venedig, Italien*

ANNECY

Frankreich

Ob im Winter mit Schnee bedeckt oder im Frühling mit bunten Blumenkästen geschmückt, Annecy verzaubert. Wie in Venedig schlängeln sich Kanäle zwischen alten Gebäuden, die sich zum Wasser hin neigen – nur dass sie hier nicht von einer Lagune, sondern vom kristallklaren Lac d'Annecy gespeist werden. Unter den Brücken sieht man auch keine Gondeln, sondern nur gelegentlich einen Schwan.

Annecy ist einer der wenigen Orte, die ihrem märchenhaften Ruf gerecht werden. Alte Kirchen und malerische, pastellfarbene Gebäude mit abgenutzten Fensterläden säumen die gepflasterten Straßen der Altstadt. Gleich daneben liegt der wunderschöne See von Annecy – ein beliebter Ort zum Schwimmen und Paddeln –, umrahmt von bewaldeten Bergen. Es gibt sogar ein mittelalterliches Schloss, das Château d'Annecy, das den See überragt. Kombiniert man all das mit der Lage (Annecy ist nur eine Autostunde von Genf entfernt), wird schnell klar, warum die malerische Stadt zu einer der lebenswertesten in Frankreich gewählt wurde.

Immer noch Lust auf Venedig?

Außerhalb der Saison ist am wenigsten los. Und bringt man etwas Zeit mit, sollte man auch das Festland und die Inseln erkunden.

Ein von farbenfrohen Gebäuden gesäumter Kanal vor der Kulisse der nordfranzösischen Alpen

So kommst du hin
Genf ist der nächstgelegene Flughafen; Züge von Paris fahren in knapp vier Stunden nach Annecy.

www.lac-annecy.com

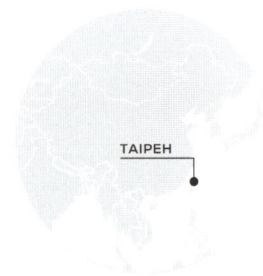

Hongkong mag die perfekte Mischung aus Tradition und Ultramoderne haben, aber man muss sich auch durch Menschenmassen drängeln, um alles zu sehen. Taipeh bietet eine ebenso interessante Mischung in einem viel entspannteren Tempo.

Alternative zu *Hongkong, China*

TAIPEH

Taiwan

Taipeh ist eine Metropole, in der die Natur nie weiter als ein paar Minuten entfernt ist, und hat für Naturliebhaber ebenso viel zu bieten wie für Geschichtsinteressierte und Feinschmecker. Während sich in Hongkong die Wolkenkratzer wie Pinguine aneinanderkuscheln, erstrecken sich in Taipeh relativ gedrungene, denkmalgeschützte Viertel über das Taipeh-Becken. Die Straßen werden von den Bergen des Yangmingshan-Nationalparks überragt, der Wanderwege, heiße Quellen und einen riesigen schlafenden Vulkan birgt.

Überall in Taipeh liegen Überreste der Geschichte verstreut, und die alten Stadtviertel sind wunderbar erhalten. Rund um die Qidong Street entdeckt man

ein Labyrinth aus charmanten Gassen mit einstöckigen Häusern aus der japanischen Kolonialzeit. Auch die alten Tempel haben dem Zahn der Zeit getrotzt. Der 1738 erbaute Longshan-Tempel ist das spirituelle Herz der Stadt und dient als Fenster zum alten Taipeh – mit traditionellen Läden und Essensständen. Man riecht den Duft von gegrilltem Tintenfisch und frisch gebackenen Teigtaschen. Auf den Nachtmärkten in Taipeh findet man ebenso viele traditionelle Gerichte, von *Taro*-Eis bis zu Meeresfrüchtebrei.

In Hongkong eifern Alt und Neu um Aufmerksamkeit, glitzernde Einkaufszentren überragen alte Tempel. In Taipeh scheinen die Gegensätze dagegen mehr Raum zum Atmen zu haben. Etwa in der Dihua Street, die von roten Backsteinhäusern gesäumt ist und über 100 Jahre das Handelszentrum der Stadt war. Ein

Blick vom Elephant Mountain auf die Skyline von Taipeh mit dem Wolkenkratzer Taipei 101

Der prächtig verzierte Longshan-Tempel im Stadtteil Manka

paar Haltestellen weiter östlich liegt Xinyi, ein Paradies für viele edle Läden und luxuriöse Einkaufszentren. Nur einen kurzen Spaziergang südlich von diesem schrillen Viertel entfernt, ändert sich die Atmosphäre erneut. Vom beliebten Wandergebiet Elephant Mountain aus hat man einen Blick auf den Taipei 101 (das Wahrzeichen der Stadt) bis hin zum Küstenvorort Danshui und dem Meer dahinter. Alles geht nahtlos ineinander über.

Immer noch Lust auf Hongkong?

Wenn man keine Lust auf das Gedränge im Zentrum hat, kann man die weniger bekannten Enklaven von Lamma Island besuchen. In diesen Hipster-Hochburgen gibt es viele Wanderwege, die Ausblicke auf die Küste und Kamikaze-Höhlen aus dem Zweiten Weltkrieg bieten.

Oben Einer der vielen Essensverkäufer an der beliebten Danshui Old Street
Unten Die moderne Lover's Bridge überspannt den Tamsui

So kommst du hin
Taipeh erreicht man mit dem Bus oder der MRT-Flughafenlinie vom Flughafen Taoyuan, Taiwans wichtigstem Drehkreuz.

www.travel.taipei

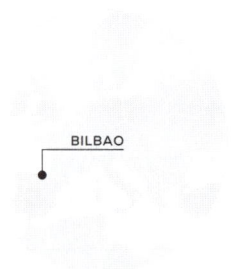

Madrid ist die uralte Kulturhauptstadt Spaniens, Bilbao hingegen eine aufstrebende Stadt, die ideal ist für ein Wochenende voller alternativer Kunst und unwiderstehlichem Essen.

Alternative zu Madrid, Spanien

BILBAO

Spanien

FASZINIERENDE METROPOLEN

Madrid ist zweifellos ein kulturelles Kraftzentrum, aber Bilbao, der kleinere (und wohl auch coolere) Cousin der spanischen Hauptstadt, hat Kunstliebhabern und Feinschmeckern ebenso viel zu bieten. Hier werden moderne Kunst und regionale Küche großgeschrieben.

Frank Gehry hat die nordspanische Hafenstadt 1997 bekannt gemacht, als er seiner Fantasie beim Entwurf des spektakulären Guggenheim-Museums freien Lauf ließ. Während Madrids Kunstmuseen für ihre imposanten Sammlungen berühmt sind – mit Francisco de Goya, Diego Velázquez und Salvador Dalí –, zieht das Guggenheim die Besucher nicht nur wegen des Gebäudes selbst an, sondern auch wegen der avantgardistischen Werke darin. Der Bau schlängelt sich am Fluss Nervión entlang und ist mit auffälligen Titanplatten verkleidet. Im Inneren liegt der Schwerpunkt auf zeitgenössischer und moderner Kunst mit wechselnden Ausstellungen und einer Reihe berühmter permanenter Werke, wie Jeff Koons' *Puppy* und Louise Bourgeois' spinnenartiger *Maman*. Die Kunst in Bilbao beschränkt sich jedoch nicht nur auf Museen. Die Stadt hat sich zu einer urbanen Galerie für Straßenkünstler aus aller Welt entwickelt, und ein Spaziergang durch das Viertel Bilbao la Vieja und zur Plaza Kirikiño führt an berühmten Wandmalereien von Erb Mon, Sixe Paredes und DK Muralismo vorbei.

Auch das Essen hat bei der Wiederbelebung Bilbaos eine zentrale Rolle gespielt.

Vor Bilbaos Guggenheim-Museum steht die Skulptur Maman *von Louise Bourgeois*

Einheimische entspannen auf der malerischen Plaza Nueva im Zentrum von Bilbao, bekannt für zahlreiche Pintxos-Bars

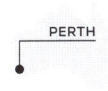

PERTH

Wie sein Pendant an der Ostküste verspricht auch Perth goldene Strände, eine atemberaubende Landschaft und eine aufstrebende Kunstszene.

Alternative zu Sydney, Australien

PERTH

Australien

Abgeschieden von den Städten im Osten – und vom Rest der Welt – bietet Perth die perfekte Mischung aus wunderschönen Landschaften, verlockenden kulturellen Angeboten und dem berühmten gemütlichen Charme. Hier findet man blaues Wasser und endlose Sandstrände – der berühmteste davon, Cottesloe, kann es locker mit Sydneys Bondi Beach aufnehmen. Nur eine kurze Bootsfahrt entfernt liegt Rottnest Island, ein Paradies für Radfahrer und Quokkas, während im Landesinneren zahlreiche Wälder und renommierte Weinregionen locken.

Perths Kulturszene ist ebenso aufregend: Bars und Restaurants, Livemusik und Straßenkunst sowie das Festival Fringe World tragen zu der einzigartigen Stimmung an der Westküste bei.

Immer noch Lust auf Sydney?
Um das Beste aus Sydneys Küstenleben herauszuholen, sollte man die Stadt im Frühherbst besuchen – dann sind die heißen Tage vorbei und der Touristenstrom nicht mehr so stark.

Die Stadt ist ein Hotspot für Feinschmecker, denn hier gibt es pro Kopf fünfmal so viele Restaurants mit Michelin-Sternen wie in Madrid. Hat man keine Lust auf feines Essen, gibt es *pintxos*, das baskische Äquivalent der Tapas, die überall in der Stadt auf Tellern aufgetürmt werden.

Immer noch Lust auf Madrid?
Madrid ist im Sommer ein Ofen, im Frühjahr oder Herbst ist das Wetter angenehmer. Beim Eintritt in die großen Kunstmuseen kann man sparen, wenn man ein Kombiticket für den Paseo del Arte kauft.

So kommst du hin
Vom Flughafen sind es 25 Minuten mit dem Bus ins Zentrum. Alternativ kann man auch ein Taxi nehmen oder ein Auto mieten.

www.bilbaoturismo.net

So kommst du hin
Busse verbinden den Flughafen von Perth innerhalb einer halben Stunde mit dem Stadtzentrum.

www.visitperth.com

REGISTER

A

Afrika: Rovos Rail 88f
Agrigento (Italien) 26 – 29
Ägypten
    Fahrt auf dem Nassersee
        86f
    Fahrt auf dem Nil 86, 87
    Pyramiden von Gizeh
        14, 15
    Pyramiden von Sakkara
        und Dahschur 14f
Akaba, Golf von (Jordanien)
    157
Akropolis in Athen
    (Griechenland) 27, 29
Ales Stenar (Schweden) 13
Alhambra (Spanien) 24, 25
Aljafería (Spanien) 24f
Allagash River (USA) 141
Amalfiküste (Italien) 91
Amazonas (Südamerika)
    140, 141
Amiens (Frankreich),
    Notre-Dame 106f
Amphitheater in El Djem
    (Tunesien) 17
Amsterdam (Niederlande)
    189
    Van Gogh Museum 178,
        179
Andamanen (Indien) 149
Angkor Wat (Kambodscha)
    34
Annapurna (Nepal) 76f
Annecy (Frankreich) 211
Antarktis 83
Apolobamba Trek (Bolivien)
    68 – 71
Apulien (Italien) 93
ArcelorMittal Orbit
    (Großbritannien) 116
Architektur
    ArcelorMittal Orbit
        (Großbritannien) 116
    Catedral de Rio de
        Janeiro (Brasilien) 104

Fatehpur Sikri (Indien)
    118f
Humayuns Grab (Indien)
    122f
Louisiana State Capitol
    (USA) 117
Notre-Dame d'Amiens
    (Frankreich) 106f
Palau de les Arts Reina
    Sofía (Spanien)
    110 –113
Ponte 25 de Abril
    (Portugal) 108f
Puning-Tempel (China)
    120f
Schloss Lichtenstein
    (Deutschland) 109
Templo Bahá'í (Chile)
    105
Tilya-Kori-Madrasa
    (Usbekistan) 114f
Arena di Verona (Italien) 17
Arènes de Nîmes (Frankreich)
    17
Argentinien
    Museo de La Plata 172
Aserbaidschan
    Qobustan-Nationalpark
    165
Athen (Griechenland),
    Akropolis 27, 29
Äthiopien
    Lalibela 23
Äußere Hebriden, Schottland
    (Großbritannien) 99
Australien
    Christmas Island 154 –157
    The Ghan 89
    Great Barrier Reef 154,
        157
    Great Ocean Road 84,
        85
    Mount Augustus 134
    Perth 215
    Sydney 215
    Sydney Gay and Lesbian
        Mardi Gras 60, 61
    Sydney Opera House
        110
    Uluru 134
Avebury (Großbritannien)
    10 –13

Avignon, Festival d'
    (Frankreich) 43
Azoren (Portugal) 153

B

B9 (Mauritius) 93
Bada-Tal (Indonesien) 19
Bahá'í, Templo (Chile) 105
Baltimore (USA) 185
Banda-Inseln (Indonesien)
    157
Barcelona (Spanien),
    Sagrada Família 104
Batalla del Vino (Spanien)
    44f
BBC Proms (Großbritannien)
    54, 57
Beijing (China), Verbotene
    Stadt 118, 119
Belgien
    Gent 189
Belgrad (Serbien), Dom des
    Heiligen Sava 102f
Berge
    Annapurna (Nepal) 76f
    Gunung Kinabalu
        (Malaysia) 81
    Herbst in den Laurentian
        Mountains (Kanada)
        152
    Kilimandscharo (Tansania)
        79, 81
    Monte Roraima
        (Venezuela) 151
    Mount Augustus
        (Australien) 134
    Mount Rushmore (USA)
        125
    Mount Stanley (Uganda)
        78 – 81
Berlin (Deutschland) 186,
    187
Bhutan
    Trekking in 85
Bienal de São Paulo
    (Brasilien) 59
Bilbao (Spanien) 214f
Blue Corner (Palau) 157
Blumen
    Hortensien auf den
        Azoren (Portugal) 153

Kirschblüte in Japan 153
Bolivien
    Apolobamba Trek 68 – 71
    Sol de Mañana 142f
    Tiwanaku 19
Bologna (Italien) 198f
Bolschoi-Theater (Russland)
    167
Bonnaroo (USA) 58
Boote
    Fahrt auf dem Nassersee
        (Ägypten) 86f
    Patagonische Fjorde
        (Chile) 132
Borneos Dschungel 147
Brasilien
    Bienal de São Paulo 59
    Catedral de Rio de
        Janeiro 104
    Fernando de Noronha
        150
    Karneval in Rio 40, 41
    Mata Atlântica 147
    Rio de Janeiro 210
    Teatro Amazonas 174f
Brighton Fringe
    (Großbritannien) 43
Broadway (New York) 166,
    167
Brunei
    Borneos Dschungel 147

C

Camino Inca (Peru) 68, 71
Camino de Santiago
    (Spanien) 94
Cannes, Festival de
    (Frankreich) 64, 65
Canyon de Chelly (USA)
    35
Casa de Pilatos (Spanien)
    25
Catedral de Rio de Janeiro
    (Brasilien) 104
Chiang Mai (Thailand) 85
Chicagos Theaterszene
    (USA) 166f
Chichén Itzá (Mexiko) 31
Chile
    Chilenische Seen 136f
    Osterinsel 18, 19

Patagonische Fjorde 132
Templo Bahá'í 105
China
    Chinesische Mauer 20, 21
    Himmelstempel 120, 121
    Hongkong 212, 213
    Huang Ho 141
    Li Jiang 135
    Opernhaus in Guangzhou
        113
    Opernhaus in Harbin 113
    Puning-Tempel 120f
    Shanghai Natural History
        Museum 172
    Wulingyuan 135
Chinesische Mauer 20, 21
Chinesisches Neujahrsfest
    Hongkong 53
    Malaysia 53
Christmas Island (Australien)
    154 –157
Coachella (USA) 58
Coal Mine Canyon (USA) 139
Coastal Route 15 (Mexiko) 74f
Copenhagen Jazz Festival
    (Dänemark) 52f
Copper Canyon (Mexiko) 139
Costa Rica
    Monteverde-Nebelwald
        145, 147
Crazy Horse Memorial (USA)
    124f
Cuevas del Pomier (Domini-
    kanische Republik) 165
Cusco (Peru), Semana Santa
    62f

D

Dahschur, Pyramide von
    (Ägypten) 14f
Dambulla, Höhlentempel in
    (Sri Lanka) 23
Dänemark
    Copenhagen Jazz
        Festival 52f
Delhi (Indien) 202, 203
    Nationalmuseum 177
Deutschland
    Berlin 186, 187
    Gäubodenvolksfest 47
    Leipzig 186f

Oktoberfest 47
Schloss Lichtenstein 109
Schloss Neuschwanstein
    109
Dom des Heiligen Sava
    (Serbien) 102f
Dominikanische Republik
    Cuevas del Pomier 165
Drakensberge, Felskunst
    (Südafrika) 162 –165

E

Ecuador
    Mindo-Nambillo-
        Nebelwald 144 –147
Edinburgh Festival Fringe
    (Großbritannien) 42, 43
Eiffelturm (Frankreich) 116
El Mirador (Guatemala) 30f
Ellora-Höhlen (Indien) 22f
Empire State Building (USA)
    117
England siehe
    Großbritannien
Europa
    Orient-Express 88, 89
Everest Base Camp (Nepal)
    76, 77

F

Fatehpur Sikri (Indien) 118f
Felskunst in den Drakens-
    bergen (Südafrika)
    162 –165
Fernando de Noronha
    (Brasilien) 150
Feste und Festivals
    Batalla del Vino (Spanien)
        44f
    Bienal de São Paulo
        (Brasilien) 59
    Bonnaroo (USA) 58
    Copenhagen Jazz Festi-
        val (Dänemark) 52f
    Festival dei Due Mondi
        (Italien) 54 – 57
    Fringe Festival
        (Neuseeland) 42f
    Gäubodenvolksfest
        (Deutschland) 47

Karneval in Mombasa
    (Kenia) 63
Karneval in Montevideo
    (Uruguay) 40f
Mondneujahr (Malaysia)
    53
St Patrick's Day
    (Montserrat) 46
San Sebastián Film
    Festival (Spanien) 64f
Semana Santa, Cusco
    (Peru) 62f
Tel Aviv Pride (Israel) 60f
Wilderness Festival
    (Großbritannien)
    48 – 51
Fiji-Inseln 99
Fish River Canyon (Namibia)
    138f
Flüsse
    Li Jiang (China) 135
    Orinoco (Venezuela) 140f
Frankreich
    Annecy 211
    Arènes de Nîmes 17
    Eiffelturm 116
    Festival d'Avignon 43
    Festival de Cannes 64, 65
    Grande Corniche 93
    Korsikas Nordwest-Küste
        90 – 93
    Lascaux, Höhlenmalereien
        163, 165
    Louvre 176, 177
    Montpellier 200f
    Musée Jacquemart-
        André 176f
    Notre-Dame d'Amiens
        106f
    Notre-Dame de Paris 107
    Paris 200, 201
    Vallée des Merveilles 165
Fringe Festival (Neuseeland)
    42f

G

Gabun
    Lopé-Nationalpark 131
Galápagos-Inseln 150
Gambia
    Steinkreise von Wassu 13

Gäubodenvolksfest
    (Deutschland) 47
Gent (Belgien) 189
Georgien
    Sakaria-Paliaschwili-
        Theater 167
The Ghan (Australien) 89
Glacier Express (Schweiz) 72
Glastonbury Festival
    (Großbritannien) 48, 51
Golden Beach (Zypern) 149
Golden Gate Bridge (USA)
    108, 109
Grand Canyon (USA) 138,
    139
Grande Corniche (Frankreich)
    93
Graz (Österreich) 203
Great Barrier Reef
    (Australien) 154, 157
Great Ocean Road
    (Australien) 84, 85
Griechenland
    Akropolis in Athen 27, 29
    Griechische Inseln 96, 99
Grönland 82f
Großbritannien
    ArcelorMittal Orbit 116
    Avebury 10 –13
    BBC Proms 54, 57
    Brighton Fringe 43
    Edinburgh Festival Fringe
        42, 43
    Glastonbury Festival
        48, 51
    Kintyre 66, Schottland 95
    Leeds 195
    Liverpool 195
    Liverpool Biennial 59
    London 194, 195
    Manchester 194f
    Newcastle 195
    North Coast 500,
        Schottland 95
    Ring of Brodgar,
        Schottland 13
    Sanday, Orkneyinseln,
        Schottland 149
    Stonehenge 11, 13
    Tate Modern 170, 171
    Wilderness Festival
        48 – 51

Guangzhou, Opernhaus in
    (China) 113
Guatemala
    El Mirador 30f
Guyana
    Kaieteur-Fälle 133
Gyeongju (Südkorea) 196f

H

Hagia Sophia (Türkei) 102,
    103
Halong-Bucht (Vietnam) 135
Harbin, Opernhaus in (China)
    113
Havelock Island (Indien) 149
Helgeland (Norwegen) 73
Himmelstempel (China) 120,
    121
Historische Stätten
    Agrigento und Selinunte
        (Italien) 26 – 29
    Aljafería (Spanien) 24f
    Arènes de Nîmes
        (Frankreich) 17
    Avebury (Großbritannien)
        10 –13
    Canyon de Chelly (USA)
        35
    El Mirador (Guatemala)
        30f
    Ellora-Höhlen (Indien)
        22f
    Felskunst in den Drakens-
        bergen (Südafrika)
        162 –165
    Geschichtspark Sukhothai
        (Thailand) 34f
    Kourion (Zypern) 32
    Mauern von Ston
        (Kroatien) 20f
    Masada (Israel) 21
    Pisac (Peru) 16
    Ponte delle Torri (Italien)
        36f
    Pyramiden von Sakkara
        und Dahschur
        (Ägypten) 14f
    Qutb Minar (Indien) 33
    Steinköpfe auf dem
        Nemrut Daği (Türkei)
        18f

Höhlenmalereien, Lascaux
    (Frankreich) 163, 165
Hongkong (China) 212, 213
    Chinesisches Neujahr 53
Hortensien auf den Azoren
    (Portugal) 153
Huang Ho (China) 141
Humayuns Grab (Indien) 122f

I

Ihuru (Malediven) 148f
Indien
    Delhi 202, 203
    Ellora-Höhlen 22f
    Fatehpur Sikri 118f
    Humayuns Grab 122f
    Lotustempel 105
    Nationalmuseum 177
    Qutb Minar 33
    Radhanagar Beach 149
    Taj Mahal 122, 123
    Udaipur 202f
Indonesien
    Bada-Tal 19
    Banda-Inseln 157
    Borneos Dschungel 147
    Raja Ampat 135
Inseln
    Christmas Island
        (Australien) 154 –157
    Fernando de Noronha
        (Brasilien) 150
    Ihuru (Malediven) 148f
    Montenegros Inseln
        96 – 99
International Center of
    Photography (USA)
    169
Irland
    St Patrick's Day 46
    Wild Atlantic Way 84f
Island 142, 143
    Reykjavík Pride 61
Israel
    Masada 21
    Tel Aviv Pride 60f
Istanbul (Türkei) 153
    Hagia Sophia 102, 103
Italien
    Agrigento und Selinunte
        26 – 29

Amalfiküste 91
Apulien 93
Arena di Verona 17
Bologna 198f
    Festival dei Due Mondi
        54 – 57
Kapitolinische Museen
    160f
Kolosseum 17
Oberitalienische Seen
    136, 137
Palermo 199
Pompeji 32
Ponte delle Torri 36f
Ravenna 199
Rom 198, 199
Schiefer Turm von Pisa 33
Teatro alla Scala 174, 175
Venedig 211
Venedig Biennale 59
Venedig Film Festival 65

J

Japan
    Kirschblüte 153
    Kumano Kodo 94f
    Kyoto 196, 197
    Shimanami Kaido 73
    Tokyo 192, 193
Johannesburg (Südafrika)
    185
Jordanien
    Golf von Akaba 157
    Petra 22, 23

K

Kaieteur-Fälle (Guyana) 133
Kambodscha
    Angkor Wat 34
Kanada
    Herbst in den Laurentian
        Mountains 152
    Niagarafälle 133
Kapitolinische Museen
    (Vatikanstadt) 160f
Kapstadt (Südafrika), Zeitz
    Museum of Contemporary
    Art Africa 170f
Kenia
    Karneval in Mombasa 63

Samburu National
    Reserve 131
Kintyre 66, Schottland
    (Großbritannien) 95
Kirschblüte (Japan) 153
Ko Phi Phi (Thailand) 148, 149
Kolumbien
    Archäologischer Park San
        Agustín 19
    Medellín 210
Korsikas Nordwest-Küste
    (Frankreich) 90 – 93
Košice (Slowakei) 205
Kourion (Zypern) 32
Kroatien
    Mauern von Ston 20f
    Motovun Film Festival 65
Kröller-Müller Museum
    (Niederlande) 178f
Kruger National Park
    (Südafrika) 129, 131
Kumano Kodo (Japan) 94f
Kunst und Kultur
    Crazy Horse Memorial
        (USA) 124f
    Kapitolinische Museen
        (Italien) 60f
    Kröller-Müller Museum
        (Niederlande) 178f
    Musée Jacquemart-
        André (Frankreich)
        176f
    Museo de La Plata
        (Argentinien) 172
    New Museum (USA) 168f
    Palacio de Liria (Spanien)
        173
    Patan Museum (Nepal)
        177
    Zeitz Museum of
        Contemporary Art
        Africa (Südafrika) 170f
Kyoto (Japan) 196, 197

L

La Plata, Museo de
    (Argentinien) 172
Lalibela (Äthiopien) 23
Las Vegas (USA) 193
Lascaux, Höhlenmalereien
    (Frankreich) 163, 165

Laurentian Mountains
    (Kanada) 152
Leeds (Großbritannien) 195
Leipzig (Deutschland) 186f
Lettland
    Riga 204f
Li Jiang (China) 135
Lissabon (Portugal), Ponte
    25 de Abril 108f
Liverpool (Großbritannien)
    195
    Liverpool Biennial 59
Locarno Film Festival
    (Schweiz) 65
London (Großbritannien)
    194, 195
    ArcelorMittal Orbit 116
    Tate Modern 170, 171
Lopé-Nationalpark (Gabun)
    131
Lotustempel (Indien) 105
Louisiana State Capitol
    (USA) 117
Louvre (Frankreich) 176, 177
Luangwa-Tal (Sambia) 131

M

Machu Picchu (Peru) 16
Madrid (Spanien) 214, 215
    Museo del Prado 173
    Palacio de Liria 173
Mailand (Italien), Teatro alla
    Scala 174, 175
Malaysia
    Borneos Dschungel 147
    Gunung Kinabalu 81
    Mondneujahr 53
Malediven
    Ihuru 148f
Manaus (Brasilien), Teatro
    Amazonas 174f
Manchester (Großbritannien)
    194f
Mardi Gras, New Orleans
    (USA) 63
Marokko
    Marrakech 188
    Taroudant 188
Marrakech (Marokko) 188
Masada (Israel) 21
Mata Atlântica (Brasilien) 147

Mauern von Ston (Kroatien)
    20f
Mauna Loa, Hawaii (USA) 81
Mauritius
    B9 93
Medellín (Kolumbien) 210
Mesa Verde (USA) 35
Mexiko
    Chichén Itzá 31
    Coastal Route 15 74f
    Copper Canyon 139
    Mexico City 207, 209
    Monterrey 185
    Puerto Vallarta Gay Pride
        61
    Zacatecas 206 – 209
Mindo-Nambillo-Nebelwald
    (Ecuador) 144 –147
MoMA PS1 (USA) 169
Mombasa, Karneval in (Kenia)
    63
Montenegros Inseln 96 – 99
Monterrey (Mexiko) 185
Monteverde-Nebelwald
    (Costa Rica) 145, 147
Montevideo, Karneval in
    (Uruguay) 40f
Montpellier (Frankreich) 200f
Montreux Jazz Festival
    (Schweiz) 52
Montserrat: St Patrick's Day
    46
Moskau (Russland), Bolschoi-
    Theater 167
Motovun Film Festival
    (Kroatien) 65
Musée Jacquemart-André
    (Frankreich) 176f
Museo de La Plata
    (Argentinien) 172
Museo del Prado, Madrid
    (Spanien) 173
Museum of Modern Art
    (USA) 168, 169

N

Namibia
    Fish River Canyon 138f
Nassersee (Ägypten) 86f
National Museum of Natural
    History (USA) 172

Nationalmuseum (Indien)
    177
Natur
    Fish River Canyon
        (Namibia) 138f
    Grönland 82f
    Kaieteur-Fälle (Guyana)
        133
    Korsikas Nordwest-Küste
        (Frankreich) 90 – 93
    Patagonische Fjorde
        (Chile) 132
    siehe auch Seen; Berge;
        Flüsse
Nepal
    Annapurna 76f
    Everest Base Camp 76f
    Patan Museum 177
    Rhododendren 153
Neuseeland
    Fringe Festival 42f
    Te Papa 172
    TranzAlpine 72
Nevado Copa (Peru) 81
New England (USA) 152
New Museum (USA) 168f
New Orleans (USA), Mardi
    Gras 63
New York (USA) 183, 185
    Broadway 166, 167
    Empire State Building
        117
    International Center of
        Photography 169
    MoMA PS1 169
    Museum of Modern Art
        168, 169
    New Museum 168f
    Noguchi Museum 169
Newcastle (Großbritannien)
    195
Niagarafälle (Kanada) 133
Niederlande
    Amsterdam 189
    Kröller-Müller Museum
        178f
    Van Gogh Museum 178,
        179
Nil (Ägypten) 86, 87
Noguchi Museum (USA) 169
North Coast 500, Schottland
    (Großbritannien) 95

Norwegen
    Fjorde 132
    Helgeland 73
    Opernhaus in Oslo 113
Notre-Dame d'Amiens
    (Frankreich) 106f
Notre-Dame de Paris
    (Frankreich) 107

O

Oktoberfest (Deutschland)
    47
Olomouc (Tschechien) 205
Orient-Express (Europe)
    88, 89
Orinoco (Venezuela) 140f
Orkneyinseln, Schottland
    (Großbritannien) 149
Oslo, Opernhaus in
    (Norwegen) 113
Osterinsel (Chile) 18, 19
Österreich
    Graz 203
    Wien 203

P

Palacio de Liria (Spanien)
    173
Palau
    Blue Corner 157
Palau de les Arts Reina Sofía
    (Spanien) 110 –113
Palermo (Italien) 199
Paris (Frankreich) 200, 201
    Eiffelturm 116
    Louvre 176, 177
    Musée Jacquemart-
        André 176f
Patagonische Fjorde (Chile)
    132
Patan Museum (Nepal) 177
Perth (Australien) 215
Peru
    Camino Inca 68, 71
    Machu Picchu 16
    Nevado Copa 81
    Pisac 16
    Semana Santa, Cusco
        62f
Pesta Kesenian Bali 43

Petersdom (Vatikanstadt) 114, 115

Petra (Jordanien) 22, 23

Philadelphia (USA) 182 –185

Phraya-Nakhon-Höhle (Thailand) 23

Pisac (Peru) 16

Pompeji (Italien) 32

Pont du Gard (Frankreich) 37

Ponte 25 de Abril (Portugal) 108f

Ponte delle Torri (Italien) 36f

Portland (USA) 190f

Portugal
  Hortensien auf den Azoren 153
  Ponte 25 de Abril 108f

Prag (Tschechien) 204, 205

Puerto Vallarta Gay Pride (Mexiko) 61

Puning-Tempel (China) 120f

Pyramiden von Gizeh (Ägypten) 14, 15

Pyramiden von Sakkara und Dahschur (Ägypten) 14f

Q

Qobustan-Nationalpark (Aserbaidschan) 165

Qutb Minar (Indien) 33

R

Rad fahren: Helgeland (Norwegen) 73

Radhanagar Beach, Andamanen (Indien) 149

Raja Ampat (Indonesien) 135

Ravenna (Italien) 199

Real Monasterio de Nuestra Señora de Guadalupe (Spanien) 25

Religion
  Catedral de Rio de Janeiro (Brasilien) 104
  Dom des Heiligen Sava (Serbien) 102f
  Notre-Dame d'Amiens (Frankreich) 106f

Puning-Tempel (China) 120f

Templo Bahá'í (Chile) 105

Tilya-Kori-Madrasa (Usbekistan) 114f

Reno (USA) 193

Reykjavík Pride (Island) 61

Riga (Lettland) 204f

Ring of Brodgar, Schottland (Großbritannien) 13

Rio, Karneval in (Brasilien) 40, 41

Rio de Janeiro (Brasilien) 210
  Catedral de Rio de Janeiro (Brasilien) 104

Río Paraguay (Südamerika) 141

Rom (Italien) 198, 199
  Kapitolinische Museen 160f
  Kolosseum (Italien) 17

Route 66 (USA) 74, 75

Rovos Rail (Afrika) 88f

Russland
  Bolschoi-Theater 167

S

Sagrada Família (Spanien) 104

St Patrick's Day (Irland) 46

St Patrick's Day (Montserrat) 46

Sakaria-Paliaschwili-Theater (Georgien) 167

Sakkara, Pyramide von (Ägypten) 14f

Sambia
  Luangwa-Tal 131

Samburu National Reserve (Kenia) 131

San Agustín, Archäologischer Park (Kolumbien) 19

San Francisco (USA) 190, 191
  Golden Gate 108

San Sebastián Film Festival (Spanien) 64f

Sanday, Schottland (Großbritannien) 149

Santiago (Chile), Templo Bahá'í 105

Schiefer Turm von Pisa (Italien) 33

Schloss Lichtenstein (Deutschland) 109

Schloss Neuschwanstein (Deutschland) 109

Schottland siehe Großbritannien

Schweden
  Ales Stenar 13
  Stockholmer Schärengarten 99

Schweiz
  Glacier Express 72
  Locarno Film Festival 65
  Montreux Jazz Festival 52

Seen, Chilenische 136f

Selinunte (Italien) 27 – 29

Semana Santa
  Cusco (Peru) 62f
  Sevilla (Spanien) 62, 63

Seoul (Südkorea) 192f

Serbien
  Dom des Heiligen Sava 102f

Sevilla (Spanien), Semana Santa 62, 63

Shanghai Natural History Museum (China) 172

Sharjah Biennial (Vereinigte Arabische Emirate) 59

Shimanami Kaido (Japan) 73

Sigiriya (Sri Lanka) 21

Slowakei
  Košice 205

Sol de Mañana (Bolivien) 142f

Spanien
  Alhambra 24, 25
  Aljafería 24f
  Batalla del Vino 44f
  Bilbao 214f
  Camino de Santiago 94
  Casa de Pilatos 25
  Madrid 214, 215
  Museo del Prado 173
  Palacio de Liria 173
  Palau de les Arts Reina Sofía 110 –113
  Real Monasterio de

Nuestra Señora de Guadalupe 25
  Sagrada Família 104
  San Sebastián Film Festival 64f
  Semana Santa 62, 63
  Tomatina 44, 45

Spoleto, Festival dei Due Mondi (Italien) 54 – 57

Sri Lanka
  Höhlentempel in Dambulla 23
  Sigiriya 21

Städte
  Annecy (Frankreich) 211
  Bilbao (Spanien) 214f
  Bologna (Italien) 198f
  Gent (Belgien) 189
  Graz (Österreich) 203
  Gyeongju (Südkorea) 196f
  Leipzig (Deutschland) 186f
  Manchester (Großbritannien) 194f
  Medellín (Kolumbien) 210
  Montpellier (Frankreich) 200f
  Philadelphia (USA) 182 –185
  Portland (USA) 190f
  Reno (USA) 193
  Riga (Lettland) 204f
  Seoul (Südkorea) 192f
  Taipeh (Taiwan) 212f
  Taroudant (Marokko) 188
  Udaipur (Indien) 202f
  Zacatecas (Mexiko) 206 – 209

Steinköpfe auf dem Nemrut Daği (Türkei) 18f

Steinkreise von Wassu (Gambia) 13

Stockholmer Schärengarten (Schweden) 99

Stonehenge (Großbritannien) 11, 13

Südafrika
  Felskunst in den Drakensbergen 162 –165
  Johannesburg 185

Kruger National Park 129,
131
Tafelberg 151
Zeitz Museum of
Contemporary Art
Africa 170f
Südamerika
Amazonas 140, 141
Galapágos-Inseln 150
Río Paraguay 141
Südkorea
Gyeongju 196f
Seoul 192f
Sukhothai, Geschichtspark
(Thailand) 34f
Sydney (Australien) 215
Sydney Gay and Lesbian
Mardi Gras 60, 61
Sydney Opera House 110

T

Tafelberg (Südafrika) 151
Taipeh (Taiwan) 212f
Taj Mahal (Indien) 122, 123
Tansania
Kilimandscharo 79, 81
Taroudant (Marokko) 188
Tate Modern
(Großbritannien) 170, 171
Te Papa (Neuseeland) 172
Teatro alla Scala (Italien)
174, 175
Teatro Amazonas (Brasilien)
174f
Tel Aviv Pride (Israel) 60f
Thailand
Chiang Mai 85
Geschichtspark Sukhothai
34f
Ko Phi Phi 148, 149
Phraya-Nakhon-Höhle
23
The Ghan (Australien) 89
Theater
Chicagos Theaterszene
(USA) 166f
Sakaria-Paliaschwili-
Theater (Georgien)
167
Teatro Amazonas
(Brasilien) 174f

Tiere
Christmas Island
(Australien) 154 –157
Westliche Reservate
(Uganda) 128 –131
Tilya-Kori-Madrasa
(Usbekistan) 114f
Tiwanaku (Bolivien) 19
Tokyo (Japan) 192, 193
Tomatina (Spanien) 44, 45
Touren
Coastal Route 15 (Mexiko)
74f
Kintyre 66, Schottland
(Großbritannien) 95
Korsikas Nordwest-Küste
(Frankreich) 90 – 93
Wild Atlantic Way (Irland)
84f
TranzAlpine (Neuseeland) 72
Trekking siehe Wandern
Tschechien
Olomouc 205
Prag 204, 205
Tunesien
Amphitheater in El Djem
17
Türkei
Steinköpfe auf dem
Nemrut Daği 18f
Tulpen in Istanbul 153

U

Udaipur (Indien) 202f
Uganda
Mount Stanley 78 – 81
Westliche Reservate
128 –131
Uluru (Australien) 134
Uruguay
Karneval in Montevideo
40f
USA
Allagash River 141
Baltimore 185
Bonnaroo 58
Broadway (New York)
166, 167
Canyon de Chelly 35
Chicagos Theaterszene
166f

Coachella 58
Coal Mine Canyon 139
Crazy Horse Memorial
124f
Empire State Building
117
Golden Gate 108
Grand Canyon 138, 139
International Center of
Photography 169
Las Vegas 193
Louisiana State Capitol
117
Mardi Gras 63
Mauna Loa 81
Mesa Verde 35
Mount Rushmore 125
Museum of Modern Art
168
National Museum of
Natural History 172
New England 152
New Museum 168f
New York 183, 185
Noguchi Museum 169
Philadelphia 182 –185
Portland 190f
Reno 193
Route 66 74, 75
San Francisco 190, 191
Waimea Canyon 139
Usbekistan
Tilya-Kori-Madrasa 114f

V

Valencia (Spanien), Palau
de les Arts Reina Sofía
110 –113
Vallée des Merveilles
(Frankreich) 165
Van Gogh Museum
(Niederlande) 178, 179
Vatikanstadt
Petersdom 114, 115
Vatikanische Museen 161
Venedig (Italien) 211
Biennale 59
Film Festival 65
Venezuela
Monte Roraima 151
Orinoco 140f

Verbotene Stadt (China)
118, 119
Vereinigte Arabische
Emirate: Sharjah Biennial
59
Vietnam
Halong-Bucht 135

W

Waimea Canyon, Hawaii
(USA) 139
Wälder
Herbst in den Laurentian
Mountains (Kanada)
152
Mindo-Nambillo-Nebel-
wald (Ecuador)
144 –147
Wandern
Annapurna (Nepal) 76f
Apolobamba Trek
(Bolivien) 68 – 71
Kumano Kodo (Japan)
94f
Mount Stanley (Uganda)
78 – 81
Trekking in Bhutan 85
Westliche Reservate
(Uganda) 128 –131
Wien (Österreich) 203
Wild Atlantic Way (Irland)
84f
Wilderness Festival
(Großbritannien) 48 – 51
Wulingyuan (China) 135

Z

Zacatecas (Mexiko)
206 – 209
Zeitz Museum of
Contemporary Art Africa
(Südafrika) 170f
Zugfahrten
Rovos Rail (Africa) 88f
TranzAlpine (Neuseeland)
72
Zypern
Golden Beach 149
Kourion 32

DANKSAGUNG & BILDNACHWEIS

Dorling Kindersley bedankt sich bei den folgenden Autorinnen und Autoren für ihre Beiträge:

Rob Ainsley schreibt in Büchern und Magazinen über Fahrradtouren und bloggt auf *e2e.bike*. Sein Lieblingsort für Touren ist immer der nächste.

Eleanor Aldridge ist Autorin und Journalistin und spezialisiert auf Essen, Reisen und Wein. Sie lebt seit vier Jahren in Paris und schreibt über französische Kultur und die wenig bekannten Highlights der Stadt.

Flora Baker ist Schriftstellerin, Bloggerin und Autorin und lebt in London. Sie betreibt die Reise-Website Flora The Explorer (*floratheexplorer.com*) und hat für *Coastal Living*, *The Telegraph* und *National Geographic Traveller* geschrieben.

Ros Belford hat zahlreiche Reiseführer für Italien verfasst und schreibt auch für *The Telegraph* und *Condé Nast Traveller* über Italien und Sizilien. Nachdem sie zwölf Jahre auf Sizilien gelebt hat, teilt sie nun ihre Zeit zwischen Cambridge, Cornwall, Syrakus und den Äolischen Inseln auf.

Julia D'Orazio ist Reiseschriftstellerin und lebt in Perth, Australien. Sie hat sich durch über 70 Länder gegessen und zählt Eurovision und Tauchen zu ihren größten Leidenschaften.

Keith Drew war früher leitender Redakteur bei Rough Guides und hat über 70 Länder bereist. Er schreibt über seine Abenteuer unter anderem für *The Telegraph* und *BBC Travel*. Er ist Mitgründer der Familienreise-Website Lijoma (*www.lijoma.com*).

Steph Dyson ist eine zweisprachige Reiseschriftstellerin und Journalistin, die sich auf nachhaltiges Reisen spezialisiert hat, mit einer Vorliebe für Abenteuer und einer Leidenschaft für alles Südamerikanische.

Marco Ferrarese lebt seit 2009 in Penang, von wo aus er für *DK* und *Lonely Planet* sowie für *BBC Travel* über Malaysia, den indischen Subkontinent, China und die gesamte südostasiatische Region berichtet.

Robin Gauldie ist viel in Europa, Afrika, Asien und Amerika herumgekommen. Er ist Autor zahlreicher Reiseführer für *DK* und andere Verlage, darunter *TOP10 Zypern* und *TOP10 Kreta*. Er lebt in Edinburgh.

Rob Goss lebt in Tokio und hat für Publikationen wie *National Geographic*, *BBC Travel* und andere Medien rund um den Globus über Reisen und Kultur in Japan berichtet. Er hat bereits sieben Bücher über Japan geschrieben.

Joe Henley ist freiberuflicher Schriftsteller, Drehbuchautor, Autor und Musiker. Er lebt in Taipeh, ist aber häufig unterwegs für Musik-Gigs und so viele Reiseaufträge, wie er bekommen kann.

Sophie Ibbotson hat Orientalistik studiert und 15 Jahre lang in Asien und der ehemaligen Sowjetunion gearbeitet. Sie hat sich auf neue Reiseziele spezialisiert, insbesondere auf Zentralasien und den Kaukasus.

Gabrielle Innes ist eine australische Reiseschriftstellerin, die in Berlin lebt. Sie hat unter anderem für *DK* und *Lonely Planet* geschrieben.

Anita Isalska ist eine auf Australien, Frankreich und Osteuropa spezialisierte Autorin. Die Britin, die in Kalifornien lebt, schreibt über Roadtrips, Essen und ausgefallene Reisen (*www.anitaisalska.com*).

Daniel Jacobs kommt aus London und hat Europa, Asien, Afrika und Lateinamerika weit bereist. Er hat zu einer Reihe von Reiseführern über Marokko, Ägypten, Indien, Kenia, Kolumbien und Brasilien beigetragen.

Kana Kavon ist eine dreisprachige Autorin von Reiseliteratur. Sie schreibt für Kinder und Erwachsene und konzentriert sich auf die Geschichte und Kultur Mittel- und Südamerikas.

Stephen Keeling lebt seit 2006 in New York City und hat an zahlreichen Titeln für DK gearbeitet, darunter die Reiseführer für New York City, Kalifornien, Florida und die USA.

Sarah Lane lebt seit Langem in Bologna und ist besonders von Italiens großartiger Essens- und Weinszene angetan. Sie liebt es, die besten lokalen Köstlichkeiten weiterzugeben – als Autorin und auch bei privaten Touren.

Kate Mann kommt aus London, lebt aber seit vielen Jahren in München. Sie schreibt über Reisen, Essen und Kultur in Deutschland mit Beiträgen u. a. für *Condé Nast Traveller*, *BBC Travel* und *Lonely Planet*.

Shafik Meghji ist ein preisgekrönter Reiseschriftsteller, Journalist und Autor von *Crossed off the Map: Travels in Bolivia*. Er schreibt u. a. für *BBC Travel*, *Wanderlust* und *Lonely Planet*.

Rachel Mills schreibt für die Reiseführer Rough Guides und *DK Vis-à-Vis* über Neuseeland, Indien, Kanada, Irland und Großbritannien und ist Expertin für nachhaltigen Tourismus. Instagram: @rachmillstravel.

Allan Mutuku-Kortbæk ist ein begeisterter Schriftsteller und Fotograf, der schon an vielen Orten der Welt gelebt hat. Zurzeit ist Kopenhagen sein Zuhause.

Jabulile Ngwenya ist eine südafrikanische Reiseführerin und Autorin mit einem großen Interesse an afrikanischen Reisen. Ihre Leidenschaft gilt dem Geschichtenerzählen und dem Dokumentieren von Menschen, Orten und Sonnenuntergängen. Instagram: @travelstoriesafrica.

Victor O'Sullivan schreibt Reiseführer und arbeitet freiberuflich u. a. für *The Guardian*, *The Irish Times*, *Condé Nast*, *The LA Times*, *The Chicago Tribune*, *Travel & Leisure*. Twitter: @VicBunratty.

Georgia Platman ist Schriftstellerin, Krankenschwester und Lehrerin. Ursprünglich aus London stammend, verbrachte sie einige Jahre auf Reisen und lebte in Südamerika. Heute wohnt sie mit ihrem Mann John und ihrer Tochter Joni in Suffolk.

Joseph Reaney ist Reiseschriftsteller und lebt in Prag. Er schreibt unter anderem für *DK Vis-à-Vis*, *Lonely Planet* und *Fodor's* und leitet die Agentur World Words (*www.world-words.com*).

Daniel Robinson berichtet seit mehr als drei Jahrzehnten über Frankreich, Israel und Südostasien für eine Reihe von Reiseführerverlagen und Zeitschriften, darunter die »New York Times«. Seine Arbeiten wurden in zehn Sprachen übersetzt.

Kristen Shoates ist Autorin und Markenstrategin und lebt in Nashville, Tennessee. Sie ist immer für eine neue Reise oder ein neues Abenteuer zu haben und liebt es, neue Kulturen kennenzulernen und die Geschichten der Menschen und Orte, die sie besucht, zu erzählen.

Deborah Soden ist eine freiberufliche Autorin in Sydney, Australien. Sie hat drei Jahrzehnte damit verbracht, Geschichten über Reisen, Technologie und Wirtschaft für Buchverlage, Medien und Firmenkunden zu verfassen.

Regis St Louis hat die zwei Jahrzehnte damit verbracht, die weniger bekannten Wunder der Welt zu erforschen, von der Chihuahua-Wüste im Norden Mexikos bis zu den Vulkaninseln von Papua-Neuguinea. Er hat außerdem an über 100 Reiseführern über Ziele auf sechs Kontinenten mitgewirkt. Derzeit lebt er in New Orleans.

Daniel Stables hat mehr als 30 Reisebücher über Ziele in Asien, Europa und Amerika verfasst oder dazu beigetragen. Twitter: @DanStables, Instagram: @DanStabs, www.danielstables.co.uk.

Lisa Voormeij wohnt in British Columbia und schreibt regelmäßig für DK Vis-à-Vis. Man findet sie beim Schnorcheln mit Schildkröten auf Hawaii, beim Wandern in den Regenwäldern des pazifischen Nordwestens oder auf der Suche nach einzigartiger lokaler Küche im Mittelmeerraum.

Lektorat Georgina Dee, Hollie Teague, Rada Radojicic, Lucy Sara-Kelly, Zoë Rutland, Elspeth Beidas, Hilary Bird
Gestaltung und Bildredaktion Maxine Pedliham, Bess Daly, Sarah Snelling, Tania da Silva Gomes, Ben Hinks, Jordan Lambley, Marta Bescos
Kartografie Casper Morris
Herstellung Jason Little, Kariss Ainsworth

Titel der englischen Originalausgabe:
Go Here Instead

© Dorling Kindersley Ltd., London, 2022
Ein Unternehmen der Penguin Random House Group
Alle Rechte vorbehalten

© der deutschsprachigen Ausgabe by Dorling Kindersley Verlag GmbH, München, 2023
Ein Unternehmen der Penguin Random House Group
Alle deutschsprachigen Rechte vorbehalten

Jegliche - auch auszugsweise - Verwertung, Wiedergabe, Vervielfältigung oder Speicherung, ob elektronisch, mechanisch, durch Fotokopie oder Aufzeichnung, bedarf der vorherigen schriftlichen Genehmigung durch den Verlag.

Verlagsleitung Monika Schlitzer, DK Verlag
Programmleitung Heike Faßbender, DK Verlag
Redaktionsleitung Stefanie Franz, DK Verlag
Projektbetreuung Theresa Fleichaus, DK Verlag
Herstellungskoordination Antonia Wiesmeier, DK Verlag

Übersetzung Dr. Gabriele Rupp, Krailling
Redaktion Dr. Gabriele Rupp, Krailling
Schlussredaktion Philip Anton, Köln
Umschlaggestaltung Sabine Hüttenkofer, DK Verlag
Satz und Produktion DK Verlag, München
Druck TBB, a.s., Slowakei

ISBN 978-3-7342-0741-9
1 2 3 4 25 24 23

MIX
Papier | Fördert gute Waldnutzung
FSC® C018179

BILDNACHWEIS

GRÖNLAND
(DÄNEMARK)

Grönland

ISLAND

FÄRÖER
INSELN

NORWEGEN

SCHWEDEN

Helgeland

GROSSBRITANNIEN

DÄNEMARK

KANADA

IRLAND

DEUTSCH-
LAND

POL

Laurentian Mountains

FRANKREICH

Portland

Crazy Horse Memorial

ITALIEN

Chicago

Reno

New York City

USA

Philadelphia

Azoren

PORTUGAL

SPANIEN

GRIE

Canyon de Chelly

Manchester

TUNESIEN

MADEIRA

MAROKKO

Nogales

Baton Rouge

BERMUDA

KANARISCHE
INSELN

Taroudannt

ALGERIEN

LIBYE

Zacatecas

WESTSAHARA

MEXIKO

KUBA

MAURETANIEN

MALI

NIGER

GUATEMALA

JAMAIKA

Montserrat

SENEGAL

BURKINA
FASO

TSCH

El Mirador

NICARAGUA

GUINEA

COSTA RICA

VENEZUELA

Orinoco

PANAMA

Medellin

GUYANA

SIERRA LEONE

CÔTE
D'IVOIRE

NIGERIA

ZEN

Monte Roraima

Kaieteur-Fälle

LIBERIA

GHANA

KAMERUN

KOLUMBIEN

SURINAME

REP.

Mindo-Nambillo-Nebelwald

GABUN

KONGO

ECUADOR

Manaus

Fernando de Noronha

D

PERU

BRASILIEN

ANGOL

Cusco

Pisac

Curva

BOLIVIEN

NAMIBIA

Sol de Mañana

Rio de Janeiro

São Paulo

PARAGUAY

OSTERINSEL

Fish River Canyon

Templo Bahá'í

URUGUAY

CHILE

La Plata

Montevideo

Kapstadt

ARGENTINIEN

Chilenische Seen

Punta Arenas